親子が幸せになる

子どもの学び大革命

世田谷区長
ジャーナリスト
保坂展人

オランダ在住
教育研究家
リヒテルズ直子

ほんの木

親子が幸せになる　子どもの学び大革命――目次

結びの対談

はじめに

保坂展人

今のお母さんお父さんたちは、子育てが始まるとすぐに教育について、学校について考えるようになります。どんな子に育つのだろう、どう育てたらいいのだろう、という思いから、自分たちが過ごしてきた家庭や学校を振り返り、今の新しい教育にも関心を持つようになります。同じタイミングで教育産業から子育てや家庭教育のツール、就学前からの教材や塾の案内が届きます。

私は、親として、教育を考える時に出会って欲しい本を作ろう、と思い立ち、リヒテルズ直子さんに対談をお願いしました。私が教育の課題について口火を切り、教育ジャーナリスト時代からずっと取り組んできた子どもや若者の学びについて語ることもありました。

受けていただいたリヒテルズさんが、オランダを始め各国の教育の取組みなどを紹介してくださり、読者と共に、子ども観、教育観を世界の流れの中で問い直してみる……という展開になったと思います。

私は、20代の半ばから30代のすべてにかけて、教育ジャーナリストとして、学校現場の取材に歩き、子どもたちの声を聞きながらドキュメント記事を書く仕事をしてきました。また、90年代の初めには、教育産業の作り出した「早期教育」ブームに警鐘を鳴らす取材とルポの発表も重ねてきました。40代で永田町の政治の世界に入り、東日本大震災と原発事故のあった２０１１年から東京・世田谷区の区長として仕事をしています。

私が教育ジャーナリストとして活動してきたことを知った地域の母親たちからの声が形となり、小学校の家庭教育学級の講師として、「自己肯定感」や「生きるための力」等をテーマに話をする機会が約10回ありました。また、若者支援に力を入れている関係で、中高校生や大学生の若者たちと話すことも増えています。親たち、そして子どもたちや若者たちの声を聞いて、私は80年代、90年代と今との「大きな変化」を感じています。

グローバル時代に、社会の仕組みも仕事のやり方も大きく変わろうとしています。「学校教育」だけが変化の波を受けないわけにはいきません。明治以来の学校教育も、大きな変化を迎える好機が近づいているのではないかと思います。

教育は人を生かすためにあるはずですが、「生き生きした魂」を縛り、萎縮させることもできます。これからの時代を生き抜いていく子どもたちにとって、学びとは何か。幼児期の子育ての中での成長・発達とあわせて、「親の意識」「親の教育観」も変わり始めています。

子どもの学び、育ちが劇的に変わる、それが「子どもの学び大革命」です。

この本のキーワードは「幸せ」です。子どもも親も、先生も幸せになる教育、学校の姿をリヒテルズさんとの対話を重ねながら浮き彫りにしてみようと思います。

PART 1

自己肯定感を高めよう

子どもの目、子どもの声

保坂

子どもたちの目に、自分たちが生きている社会や、毎日見ている大人の姿は、どのように映っているのでしょうか。

大人を信じ、夢や希望に満ちた未来があることを信じ、自由に生きられる社会を信じられてこそ、子どもは幸せを感じられるのだと思います。

「幸せに生きること」を目指しているようでいて、今を犠牲にして自分をすり減らして生きているのが、今日の日本社会ではないでしょうか。

これまでも、大企業に入社して数年の若者が、過労で自殺に追い込まれたり、過労死に至ったり……という事件が大きく社会問題として、取り上げられました。子どもの頃から、勉強して試験の関門など、たくさんのハードルを越えながら目指した大学を卒業して、一流と言われる企業で一生懸命かつ真面目に仕事に打ち込んできた彼・彼女たちは、幸せに生きていて欲しかった人たちです。何が彼らを追いつめてしまったのか、彼らのつき当たった壁は、同時代を生きる若者すべてに立ちはだかっているものなのか、私たちはその原因と真剣に向き合って、この風潮を変えていく必要があると感じています。

戦うことばかり強調され、休んだりすることは軽視されがちです。いつも懸命にハードルに挑み、乗り越えなくてはならない課題が次から次へと出てくるような競争社会では、皆が疲れて余裕がなくなってしまいます。言わば「心の酸欠状態」となり、疲れも感じられなくなるほどにすり切れた状態は危険です。これが、自分を追いつめたり、「自分とは違う生き方をしている他者」への思いやりのない批判につながったり、さらに生きにくい社会を作り出しているのではないでしょうか。

子どもが育ち学ぶ時間がゆったりと流れるように、子どもの様々な個性や興味関心を認めて、やりたいことや進みたい方向の多様性を承認していくことが、子どもたちの幸福度を高めることにつながると思います。

そのためには、まずは大人が、お互いの生き方を認め評価し祝福し合うような、寛容な社会を作っていかなければいけないと思います。

保坂さんへ 皆さんへ

子どもの幸福って何だろう

リヒテルズ

私たち戦後生まれの日本人は、日本は「先進国」だと思って育ってきました。でも、ヨーロッパやアメリカ、そして、アジア・アフリカ・南アメリカなどのいわゆる開発途上国などの国々を見てきて改めてわかってきたのは、日本という国が新しい近代国家、欧米よりも遅れて発達した先進国であったということ、そのために、外見は近代的に見えても、人々の意識はまだまだ経済発展こそが社会の至上の目的だということを疑わない国のままであるということです。

学校教育や人々の生き方にも、それは現れていて、これまでの日本の学校は、国が経済的に強い国になることを目指して、そのための人材、少し悪い言葉で言えば、工場の歯車になるような人を作ることを目指してきたものであるということです。

しかし、1980年代末にバブルが崩壊して以来、日本の経済は停滞し、高齢化が急速に進み、人々の心の中に不満が募ってきており、学校時代に苦しんで我慢した結果の人生に「幸福」を感じ取れなくなってしまっている……。実際、これまでの学校は、一人ひとりの子どもの、個性ある独自の発達を支援するというよりも、国の経済に役立つ人材を、テストや試験を通して、あたかもふるいにかけ、選りすぐることに目的を置いていたようにさえ見えます。学校での競争は、一見、自分のために頑張っているようでいて、実は、いつの間にか、世の中の基準でふるいにかけられているだけ、という面があったと思うのです。

10人で競争して一人勝つ人がいるとすれば9人は負けているわけですね。しかも、繰り返しの競争によって、誰しもが、どこかで「負けた」悔しい経験をしている。それは、一人勝ちの幸せでしかなく、同朋と共に生き、共に喜びを分かち合う幸せとは違います。世の中の人たち皆が幸せで、苦しい時にはお互いに助けたり助けられたりできるゆとりのある方が幸せなはずなのに、人と比べて優位に立っていなければ幸福とは感じられない。幸せがなんであるかの基準は、人それぞれ違っていていいし、自分なりの生き方ができている時が最も幸せなはずですが、そういう自分なりの生き方を見い出し伸ばしていく機会が、今の日本にはあまりにも少ないのではないでしょうか。

世界一幸福度が高いオランダの子どもたちのデータでもっとも目立っていたのは、この子たちが「主観的に」、つまり、自分で自分の生活を振り返ってみて「幸せだ」「生活に満足している」と答えていたこと、また、親との関係が極めて良好であったことです。オランダの大人たちは、世界的にみても時間当たりの生産効率が最も高いことでよく知られていますが、それは、とりも直さず、有給休暇をたっぷり取り、残業をほとんどせずに、家庭生活を大切にしていることの表れでもあります。また、パートタイム就業も正規就業とみなされているために、自分で就業時間を選ぶことができ、仕事と家庭生活とのバランスを上手に考えながら暮らしています。このように、大人たちが、自分なりの幸せの基準を持って、自分らしく生きられる社会を作ることが、ひいては、子どもたちの明るい未来への希望を生み出していくのではないのでしょうか。

ぼくにも「ぼっち」の経験があります

保坂

今の子どもたちの多くが恐れていることは、受験競争とかＡＩではなく「ぼっち」になることです。一人になること、孤立することを何よりも恐れています。だから、自分が本当は何をしたいか、どこに行きたいか、どう考えているかを深く考えることも、人前で意見を表明することをおさえて、何となく「皆に合わせて」行動する。

皆が受験勉強をするから自分も……。皆が大学に行くから自分も……。というように、進路すら大勢の流れに何となく混ざっていると安心だったりするんです。

でも流されながらも、「本当の自分はこういう人間じゃない」「本当の自分はどこにいるんだろう」という葛藤を持っているのだと思います。

孤立したくないから周りに合わせても、それによっていじめや不登校が解決していくわけではありません。むしろ「皆に合わせよう」とすることによって、枠の中からはみ出してしまう「違い」が逆に誇張されてしまい、攻撃の対象になっていくことも多いのだと思います。

私自身も、「ぼっち」の経験があります。17歳で高校を中退した時にそれまで毎日会っていた友だちと会えなくなり、ほぼ毎日、たった一人で、自己対話の時間を過ごす時期がありました。ノートを広げて「ぼくはなぜ生きているのか」「自分はこれから何をするべきなのか」などと答えがすぐ出ないことをひたすらノートに書き連ねる毎日が1年以上続きました。自分と自分が向かい合って対話する自問自答の時間でした。

振り返ってみると、一人で続けた自己対話の時間が長かったことで、良かった面があります。ノートを広げてみても最初は何も考えられず、何も書けなかったのですが、少しずつ「自分はこうなのか」「いや、違う」と書き始め、その言葉を分解しては、もう一度組み立てるようなことを繰り返しながら、やがて溢れるように思春期の「これからの人生目標」や「自分自身への懐疑」などを書けるようになっていきました。

私の体験はやや特殊なものかもしれません。「一人ぼっち」の環境にあえて身を置けとも言いません。でも、もし「一人ぼっち」を過剰に恐れているなら、「いや、そうでもないよ。一人の時間もいいものだよ」と言ってあげたい。孤独は味わい深いものです。人間は皆一人だし、一人でいることもできる人間が他の人とつながっていくから素晴らしいのだということに気付いて欲しいと思います。

保坂さんへ　皆さんへ

学校は自分らしく生きる練習の場

リヒテルズ

　保坂さんや私の子ども時代とは違って、今の子どもたちをとりまく環境は大きく変わってしまっています。

　それは、今の子どもたちには現実世界の葛藤から簡単に逃げられる場所があることです。ＳＮＳの時代になり、そこにつながりを求められる、孤立せずにすむ場所が見つかったともいえます。でもＳＮＳは本物の世界とは違いますね。本当の自分を出せる場所ではないと思うんです。

　ＳＮＳは、多くの子どもや若者にとっては、仮面をかぶって作られた架空のネットワークなのだと思います。リアルな日常には、いじめられている状況があったり病気で苦しんでいたりと、感情がたえず揺れ動いているにも関わらず、ＳＮＳでは「こういう自分でありたい」イメージを作ってそのように振る舞っています。

　日本人は昔から、いわゆる本音と建前の違いを使い分けてきました。そういう傾向は、今でもまだほとんど変わっていないと思います。

それから、様々な圧力に押し付けられ、孤立を恐れて「皆に合わせて」行動する。これは子どもたちに限らず、日本社会にとても特徴的なことですね。オランダもかつてはキリスト教の倫理観をもとに、人にこのような同調を求める伝統がなかったわけではありません。

そうした外からの押し付けが、現実に目の前にある問題に目を閉じ、自分の頭で物を考えない人々を生んでしまう傾向があったのです。そのことに人々が気付き、それを大きく見直していこうとしたのが１９６０年代末以降の変化でした。

私は、学校というものは、子どもたちに同調的な行動を覚えさせる場にも、また逆に、自分らしく生きる方法を学ぶ場にも、どちらにもなり得ると思っています。

教員の権威や世の中の常識を強調したり、教科書に書かれていることが絶対の知識であるかのように、知識の量を測るような試験を重ねたり、といったことを繰り返していると、学校は同調的な行動を学ぶ場になっていきます。けれども、教員が、一人ひとりの子どもの個性を尊重し、それぞれの子が、自分らしい進路を見つけるために支援する立場に立ち、教科書に書かれた知識ではなく、本物の生きた世界で起きていることについて自分で探究的に学ぶ機会を与えるようにすれば、学校は、逆に、子どもたちに、自分の頭で考え、自分らしく生きる練習をさせる場に変わります。

私がたいへん興味深く思っているイエナプランの学校では、教員は、生徒の上に立つ権威主義的な存在ではなく、自律的・探究的・協働的に学ぶ子どもたちの発達を支援するリーダーとしての役割を負います。また、学びの対象は、紙の上に活字で書かれた知識ではなく、生きた本物の出来事や事物です。子どもたちが、それぞれ、こうした出来事や事物に問いかける姿勢を養うことで、紙に書かれた知識も、道具として意味のある役立つものになっていくのです。

子どもたちは、自分一人で静かに考え学ぶこともできますし、同級生との対面的な交流を通して学ぶ機会も得ます。こうして、自分とは何かを知り、自分と異なる他者を受け入れ、得意・不得意の異なる自分と他者とが協働して、より大きな目標を達成するという経験を重ねていくことができるようになるのです。

自己肯定感を高めよう

100点でいいのか考える

保坂

100点は満点だから優秀なのか。0点は何もできていないのか。そんな疑問にこだわって考えることは、今、とても大事です。

私が教育ジャーナリストとして取材や執筆活動をしていた時代に、ある県の教育委員会に呼ばれて「いじめ」をテーマとした講演をしたことがあります。参加していた校長先生たちに「どうして学校のテストは100点満点なんでしょう」と問いかけ、次々にマイクを向けると首を傾げながら、「さあて、なぜでしょう…」「考えたことがありません」「前からずっとそうでした」「きりがいいからではないですか?」といった答えばかり返ってきました。

そこで、私が言った答えは「減点法だから」です。日本の学校で行われている試験や評価方法は、明治時代の学制導入以来、今も続いているもので、100点満点からの減点方式で、誤答は減点され、間違わない解答や出題者の意図通りの解答をした人が満点、つまり最高得点になる評価システムです。

日本では「それ以外の評価方法はない」と、学校関係者を含めて多くの人が思っているかのようです。

テストの出題も画一的で、一つの問題には必ず一つの答えがあり、そこにたどり着くことが正解です。ここで評価されるのは、正解に効率良くたどり着くかどうかであって、自分で考える力ではありません。独創的な発想や、すぐには答えの出ない問題を考え続ける姿勢など、自分を育て、社会を良くしていくために必要な力を伸ばしていける環境にないのが、これまでの学校の実情だとわかります。

「学校では成績がものを言う」と言われ「良い成績を取るために勉強しなさい」と言うのは、これまでの学校の本質を言い当てていますが、それでいいのかと考える時です。不登校の子どもたちが増え続け、いじめの問題がなくならないなど、学校が変わらなければならない時が来ています。「学校の尺度は成績なのだから、それに合わせて成績を上げることが子どもの将来につながる」という価値観が絶対だった社会は、2008年のリーマンショックから10年で崩壊しています。先の見えない時代を生き抜くためにも、これまでの学力観からの転換が必要です。

文部科学省も、グローバル企業も、そのことにはだいぶ前から気付いています。大学入試も大きく変わり、入社試験のあり方も変わります。「100点」で安心できるほど簡単な社会ではなくなっているからです。

保坂さんへ 皆さんへ

日本の点数評価は子どもの学びや意欲を置き去りにしていますね

リヒテルズ

私も、保坂さんと同じように感じてきました。日本の学校で行われているテストによる点数評価は、切り取っていく評価でしかなく、その子の発達の流れの中で見ていません。全員が画一的に同じテストを同時に受け、そこに平均点とか偏差値という統計的数値が生まれ、そのたびに落ちこぼれていく子どもが出てくるというように、基準がその子の発達にではなく、同年齢集団の平均にあるという問題があります。

テストによる点数評価はオランダにももちろんありますが、それは他の子どもたちと比べて何番とか、平均と比べて上か下かという判断のために行うものではありません。一人の子どもの発達の流れの中で、今この子どもはどの段階にいるのかを見るためのものです。

ですから、今は60点の位置にいる子どもが、前回40点にいたのだとすれば、それは進歩として評価されます。また、すでに100点の位置にいる子どもは、次は110点とか120点を目指して、あらたな目標を示すこともできます。

同じ点数評価でも、日本と圧倒的に違うのは、どの段階にいる子どもも、学びへの意欲を失わずにいられるということです。100点を取れる子どもが、学校の授業では寝ていて、放課後から夜遅くまで塾で難関校受験のための勉強をすることも、40点の子どもが「自分は出来が悪い」とあきらめてしまうことも起こらないですむのです。

日本の学校のテストの成績は、子どもの学びの意欲に必ずしもうまく結びつくものではありません。機械的に問いと答えを結びつけたり、ドリルの問題を解くことに慣れても、現実の生活場面で、リアルな知識として、目の前にある状況にどう対応していくかという、自分の頭で深く考える力が訓練されていないからです。

子どもたちには、他者から押し付けられた知識を丸暗記するのではなく、「もっと世の中のことを知りたい」「これはどういうこと?」と自分から疑問を持ち、興味を持って、「学ぶ」ことの楽しさを味わってもらいたいと思います。そのためには、「学校はそういうものだから仕方がない」ではなく「学校は変わっていかなければならない」という意識を、教員や保護者が共有できるようになるといいと思っています。

グローバル時代の教育は子どもが主役

保坂　グローバルな国際社会を生きていける人材を育てるためにも、100点というちっぽけな天井からの減点主義の教育を変えていかなければいけません。さらに根本的な問題として、未来を生きる子どもたちが幸せだと感じられる人生を送るために、現在の教育評価から、うまく脱け出していくことが必要です。

これまでのテストや受験には、暗記力とパターン処理の正確さなどが求められてきました。テスト問題には、正解があって、○か×かを迷うことなく評価できる「学力」でした。これから必要となる「学び」には、必ずしも正解はありません。例えば、地球的な気象異変に対して、人間のできることは限られています。大人も、専門家も決定的な正解を見い出していないテーマに接近し、難題と格闘する「学び」には、これまでのような教育評価はなじみません。

オランダの教育の主軸は「子どもが主役であること」だそうですね。子どもが本来持っている多様な個性、好奇心や興味を思う存分伸ばしていける教育を、日本でも真剣に取り入れていく必要性を感じます。

2014年5月に、リヒテルズ直子さんの案内で、世田谷区の教育委員会の教育長や小中学校の校長先生らとオランダの教育視察に行き、学年も時間割もなく、一人ひとりが自分の学習予定に従って、別々の教材を使って勉強しているイエナプラン教育の現場やいくつかの学校を見てきました。

また、アムステルダムで訪れた高校生の生徒会連合である「LAKS」（全国生徒行動委員会）の17歳の少女の活動紹介には感銘しました。「私たちは政府の教育政策の変更には意志表示します。おかしいものには抗議し、デモもやります。国会のロビー活動も欠かせません」と堂々たるものです。彼女は日本から来た親世代以上の私たちの前で45分にわたり、活動の意義を説きました。日本の大学生でも、外国人の大人を相手にこれだけのプレゼンテーションをできる子がいるだろうかと、日本の教育に何が欠けているかを感じる場面でした。

保坂さんへ 皆さんへ

オランダでは子ども自身が「子どもの権利を守る活動」をしています

リヒテルズ

オランダ教育は「子どもが主役」との保坂さんの言葉通り、「子どもが主役になって、子どもの権利を守る活動」をしています。

オランダでは1960年代から安楽死問題、同性愛者の権利といった議論があり、女性解放運動やピル解禁などと同じように、学校改革への取り組みも、他の国よりも早くから進んでいました。2000年代に入ってからは他のヨーロッパ諸国でも、グローバル化による経済や情報の動きの変化、テクノロジーの変化の速さへの危機感から、本格的に教育改革が議論され、具体的な動きが進んでいます。

学力偏重の知識詰め込み教育では、グローバルな国際社会を担っていく人材は育てられません。そこでご紹介したい象徴的なオランダの取り組みが「LAKS」という中高生（12～18歳の生徒たち）の全国生徒行動委員会です。教育政策に関わる政治決定に対する生徒の発言権を確保するために１９８４年に作られ、活動費はすべて国費で賄われ、子どもたち自身が自分たちの権利運動を行っています。

たとえば、国の教育政策について政府が決定したことが高校生の要望に合っていない場合には、デモをして意思表示をしたりします。デモには２〜３万人の生徒たちが集まります。デモだけでなく、国会議員に会って意見を言ったり、テレビに出て討論したり、全生徒を対象とした「学校の満足度調査」などの調査活動もしています。近年では国際交流がさかんで、生徒たちは国境を越えてつながり始めています。

こういう活動を、国がきちんと保障しているのです。ＬＡＫＳに参加している生徒たちは、学力的にもトップクラスの生徒もいれば職業学校の生徒もいます。任されると一生懸命にやる子どもたち、自由を与えられるとどこまでも責任を持って行動できる子どもたちの姿を見ると、日本の子どもたちにこのような場がないのをとても残念に感じます。

自分のことが好きですか

保坂

残念ながら、各種の調査でも日本の子どもの自己肯定感は高くはありません。

世田谷区でも「自分のことが好きですか」という質問に、小学校5年生の半数しか「はい」と答えてくれません。中学生になるとそれが3分の1になってしまいます。高校生・大学生や20代の若者もおしなべて低いのです（世田谷区子どもの生活と人権意識に関するアンケート調査　２０１1年小5・中2、２６００人に実施）。

教育を受ければ受けるほど、自信がぐらついて自己評価が下がってはいないでしょうか。子どもたちに希望や将来にふれる話題を向けると「世の中そう思うようにはいきませんよ」と妙に大人びた苦い表情が返ってくる。少年少女らしい夢想や、若者らしい挑戦心、あるいは野望のようなものが表情に出てこない子どもが多い。私は、集団に同調して、自分を抑えつけた主張しない若者たちが多いことについて、危機感を持っています。

日本の小学校から中学・高校と長い教育を受ける期間が、もっとお互いの多様な考え方や個性を認め、評価できる場にならなければいけないですね。

50年以上前の私の中学校時代のように、点数至上主義に染まっていた時代は、完全に過去の話になったのでしょうか。成績で明確な順位をつけて、さらには550人中50位の順位をとっても、「よくやった」と評価されるより前に「こんな点数、恥ずかしいぞ！」と「さらに上にいる49人」を意識させられる競争がくり返される。私は先生からの叱咤激励を真に受けて、「なんというヒドい成績だろう」と中学1年生の頃、真剣に悩みました。クラスの友だちもライバル視する競争意識が日常を支配するほどにマインドコントロールされていました。

勉強だけではなく、スポーツもそうです。相手チームに勝つこと、勝ち続けて決勝までいって、相手チームをうち破って優勝するところまでいかないと終わらない。たとえ、優勝したとしても、次の大会まで油断大敵ということになる。競争にゴールはなく、充足のない終わりなきレースが続きます。子どもは自己肯定感をどうやって育てていけばいいでしょうか。

子どもたちの日常の中で、学校以上に、スポーツが異様に白熱している地域もありますよね。地元のサッカーや野球などのスポーツチームには社会人の指導者がいて、絶対的な権限を握って学校をしのぐ力を持っている。練習は毎日続いて、休日には親たちが車を出して遠征に行き、手製の弁当を作って、監督を囲んで盛り上がっている。

スポーツチームの日程が最優先で保護者も子ども滅私奉公で、家族の時間とか旅行とか言い出す隙間がないようなスケジュールに埋もれているのは、やはりおかしいのです。

競争と勝敗ばかりにこだわっていると副作用があります。「皆で力を合わせる」「一人ひとりの違いを認める」「友だち思いで困っていたら助ける」「自分の悪かったところを認めて改める」など、成績やスポーツ以外にも人間が成長する尺度があります。子どもにとっては絶対的な成績やスポーツの世界で周囲の期待を満足させる結果が出なくても、世の中全体から見たら小さな世界での出来事にすぎません。

世の中は、もっと広い。面白いことや感動的なこともたくさんあるという場面を、学校の先生も親も周りの大人たちも、子どもたちにもっと経験させてあげて欲しいです。芸術、科学、身体表現……。子どもが自分のカラを破り、自分なりの表現をすることができたら、これを祝福し評価してあげる。子どもたちの魂が縮んでしまわないうちに、柔軟で成長できる機会に出会ってもらいたい。様々な世界と出会わせて、子どもの未来に広がるたくさんの可能性、希望を与えて欲しいと思います。

保坂さんへ 皆さんへ

子どもたちの成長を希望のある温かいものに

リヒテルズ

勝負や成績以外の評価ということで言うと、最近のヨーロッパでは、読み書き計算など点数で量的な評価ができるものだけではなく、社会性や情緒の発達、つまり、協働する力やコミュニケーションの能力、創造力、リーダーシップや社会参加、批判的に物を考える力や議論する力など、やがて人として生きていく上で必要な他の能力を、観察し評価しようとする努力が意図的に重ねられてきています。

また、子どもたちが、自分自身の発達を自分で評価することも奨励されています。たとえば、イエナプランやモンテッソーリでは、子ども自身に自分の作品や学習成果を振り返させるようにしています。算数でどんな計算が理解でき、使えるようになったとか、字がうまく書けるようになったとか、自分で納得がいく作文や詩が書けたとか。自分で振り返ってみて満足できる点、次にやる時には、どんなことに挑戦したいか、何ができるようになりたいかなどを、子どもがそれぞれ自分で考えるのです。

このようにすると、子どもたちは、自分で自分の発達に責任を持つようになり、学習することへの当事者意識が育つのです。それが、「学び続けることを学ぶ」ことであり、一生の間続けていく学習への意欲の源になるのです。

それから、自己評価だけではなく、仲間の生徒からの評価も大切にしています。発表やディベートやディスカッションやプレゼンテーションを先生に評価してもらうのではなく、生徒同士でお互いに評価し合うのです。

もともと、一般の社会では、お互いが平等の関係にあって、互いを高め合い、全体としてより良い成果を出すために、建設的に評価し合える間柄でなければなりませんね。そのための準備とも言えるわけです。生徒たちは、お互いに評価する立場にも、評価される立場にも立つわけですから、このようなことを繰り返しているうちに、決して無責任な評価をしなくなりますし、自分の評価の根拠も言えるようになります。

機械的な点数評価ではなく、質的な評価を取り入れて人間の発達を広い観点から見ること、また、権威的な教員からの評価ではなく、お互いの成長を喜び合う仲間同士で評価ができるようにしていくことなどが、子どもたちの成長を希望のある温かいものにしていくのです。

レールをはずれて自分のレールを作る

リヒテルズ　保坂さんというと、私は同世代ですので、未成年である10代で「内申書裁判」を闘われたことが何よりも印象深く、その後教育ジャーナリストとして日本の学校教育の現状に疑問を呈され、国会議員時代は「質問王」と呼ばれるほど熱心に国民の声を代弁することに徹され、現在は世田谷区長として次々に斬新な施策を打ち出しておられます。

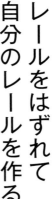

　こうした経歴に目を引かれている人は私だけでなく、たくさんいらっしゃると思います。そこで、まず、保坂さんが学歴を捨てるに至った経緯からお伺いできますか？

保坂　私は父の転勤によって5歳で仙台から東京に出てきました。桜上水に住んで世田谷区の幼稚園に入って卒園した後、武蔵小杉の社宅アパートに転居、小学校1年生でランドセルを背負って、毎日片道1時間の通勤電車に乗って、麹町小学校まで通うという日々が始まりました。5年生で相模大野に転居してさらに遠くなりました。

リヒテルズ　越境入学されたんですね。どんな小学生でしたか。

保坂　私はもともと引っ込み思案な性格でしたが、小学校5年生くらいの時に父が病気で倒れて、大黒柱不在となって、急に自分がしっかりしなければと危機感を持った経験があって、そこから意識も性格も変わりましたね。クラスの生徒代表などを率先してやるようになりました。

勉強もしましたし、クラスをまとめたり、漫画雑誌を作ったり……と、楽しい思い出があります。その後、内申書によって高校受験に落ち続けるところから社会の荒波に漂うのですが、そこでめげなかったのは、一度小学校時代に、クラスや学校の中で評価され承認されたという記憶が、残っていたからだと思います。

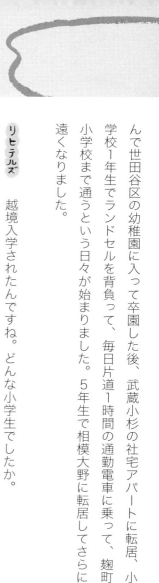

リヒテルズ　高校受験に落ち続けたということは、中学でも勉強以外に色々な活動をしていたのですか。

保坂　中学校は大変な進学校でした。当時は、麹町中学から日比谷高校へ、そして東大へ、というコースがあって、牧歌的に温かく過ごしてきた小学生の日々から、いきなり大競争社会の渦の中に入ったという感じでした。

受験に最短距離で到達するようにと考えて、受験指導のプロと自認する先生方が授業を組んでいました。それで最初のテストは学年５００人くらいの中で50番くらい……今思えばなかなか良かったと思うんですが……（笑）、でも、当時は「こんなに悪いのか」と脂汗が出るほど恥ずかしい順位と受けとめて、青くなりました。「ぼくの上には49人もいる」ということしか考えられなくなるんです。マインドコントロールがきいていて、下の４５０人はまるで見えない。

内申書裁判は、学校に行かない生き方を示してくれた

リヒテルズ　私も高校時代には、とにかく受験、とにかく競争で、テストのたび

に順位をつけられて、そのたびに一喜一憂していました。もともと知識を丸暗記するのが苦手で、そういう受験勉強にはなかなか力が入りませんでした。

あのころは高度経済成長期で、受験で頑張っていい高校いい大学に入って大企業に入れば、その後の人生もバラ色、という感じがありました。

保坂　そうでしたね。でも、一方では学生運動の季節でもありました。学校の目の前を機動隊に挟まれた学生のデモが通るわけです。それで「目指せ」と言われている東大が学生たちにバリケード封鎖されて、安田講堂事件が起こります。

それで、怖いもの見たさに「べ平連」（ベトナムに平和を！市民連合）のデモを見に行こうとして、友だちとおそるおそる出かけた。制服制帽で3分くらい見て帰ったのですが、どこから見ても中学生の姿は目立ってしまい、学校がそれを知ることになって、次の日呼び出されて「大胆不敵にも制服制帽で集会に参加したそうじゃないか」と教師に突き放された。「二度とこういうような事をしないと誓って受験勉強をしなさい」と言われて、「わかりました」と反射的に謝りました。でも、考えてみれば、集会にも、デモにも参加していませんでした。

リヒテルズ　反射的にでも、謝らなければならない圧力を感じていたのですね。

保坂　そのころ友人たちとよく人生について語り合っていました。「いくら何でも中学生でレールをそれたらどうなってしまうのか」と互いに問いかけたんですね。中学生の今は高校受験があり、高校生になっても大学受験があり、大学生には就職があり、就職したら今度はある程度の役職にいくまでは……と、そうやって結局自分が何をしたかったかわからない人生を過ごすことになるのではないか。「人生スゴロク」を描いてみて、そう気が付いたんですね。

自分の気付いたことはアピールしていこうと、ガリ版を使って自主的な機関紙を発行しました。周りの友人からは「そういうことをしていると、内申書に書かれて、受験に絶対的に不利になるからやめたほうがいい」と言われましたね。

その友人の予想通り、内申書に「この生徒はたびたびの指導に従わず、現在も手を焼いている」ということを書かれて「公共心」や「自省心」などに最低のC評価を付けられ、そのために、受験した高校に全部落ちることになるわけです。

リヒテルズ　中学生の、その時にですか？　それはすごいですね。

保坂　逆にすべての全日制高校に落ちて、吹っ切れたのですね、サバサバしました。高校受験の予備校に2週間くらい行ったり、何とか皆と同じレールに乗らなければという気持ちが少しはあったのですが、見事に遮断されたことで、これはレールなき人生を生きろということなんだと理解したんですね。

若者が出会うスペース立ち上げへ

保坂　それで結局、新宿高校の定時制に入学しました。その当時の定時制高校の生徒には2通りありました。多数は経済的な事情で昼の高校進学をあきらめて、働きながら高校に通う人、もう一方は、中学卒業で社会に出て、やはり高校は卒業しておきたいという20〜30代の人。そういう年上の人たちと仲よくなって、学校帰りにコーヒー一杯で、思想・哲学から人生経験までを延々と語り合いました。

地方出身者が多く、同年齢の子もアパート暮らしで自活して働いて通学しています。ぼくは自宅にいるのが恥ずかしくなって、部屋を借りて無理やり自立しようとして、陽がまったく当たらない洞窟のような4畳半の部屋を借りたのが15才の秋でした。

進学競争のレールから外れると大変な目にあう、というのはまさに偏見で、むしろ定時制高校はとても楽しくて自由な自己形成の場でした。本を1日に1〜2冊読み、仕事にも学校にも行って、忙しかったけれどもとても充実していました。

でも、学校の中で自由にやり過ぎてしまって、結果的には学校と折り合えなくなるような関係になってしまったんですね。その結果を生んだ責任は自分にあったので、それ以上どうしたらいいかわからなくなりました。

リヒテルズ　私たちが育ったのは高度成長期ですが、親の世代との意識の差も大きく、すぐ上の世代の若者たちが安保闘争などで体制批判をしていたことに、様々な意味で影響を受けています。

あの時代に育っていれば、どうしたって政治や体制のことを考えないわけにはいかず、私なりに「民主主義」とか「市民性」とはいったい何なのだろうと考えていました。

保坂　ぼくは結局、定時制高校も1年留年して17才で中退することになるのですが、そこで初めて、自分は学校という共同体にぶら下がっていたことで、精神的な安定性を得ていたんだということがわかったんですね。学校に行く時間がなければもっといろいろなことができると思っていたのに、あり余る時間があっても、何もできなくなってしまったんです。

いちばん困ったのは、約束をしないと友人に会えなくなったことです。どちらかというと誰とでも仲よくなる性格で、人の悩みを聞いて相談にのっているうちに、自分の悩みを忘れるようなタイプだったし、友人とあれこれ社会問題を議論するのが日常でしたから。

リヒテルズ　学校は、友だちはいても、やはり心地いい場所ではなかったんでしょうね。

保坂　世の中を変えようと思って、中学生時代から周りの人とは違う選択をしてみたけど、これでは変わらない、と。そう考えると何もできなくなってしまって、ひたすら本を読んで自分にこもる日が続きました。
やがて、私のような人が他にもたくさんいるのではないかと思って、若者が出会う場所を作ろうと、フリースペース「青生舎《せいせいしゃ》」を立ち上げました。

リヒテルズ　私たちの世代は、保坂さんほど明確な行動として出さなくても、ある程度同じような感覚を持っている人たちが多かったと思います。少し上の世代が学生運動をしたけれど、親や社会に受け入れられることなく行き詰まり、反面、多くの先輩たちが、結局は高度成長期の日本に順応してそれなりに成功していく。それを少し下の多感な年齢の時期に見ていた世代ですよね。
その当時から、同年齢の保坂さんのご活躍は九州にいても聞こえてくるという感じで、いつも「すごい人がいるんだなあ」と思っていましたが、今回こうして、当時の保坂さんの心境などをうかがえて幸いでした。

PART 2

学校と楽しく

学校と楽しく

学ぶ楽しさ、知るうれしさ

保坂

学校から団塊世代とそこに続くベテラン世代が去り、20代30代の若手の先生が圧倒的に多くなりましたね。実は、10年、15年程前に退職していかれた先生たちの中には、ユニークな方がたくさんいました。

今、学校に行ってみると、若手の先生たちは子どものころから優秀な成績で試験を突破してきたような方たちばかりです。受験競争の荒波の中で、わき目もふらずに頑張って、勝ち残ってきた人が先生になっている。それは一方で、先生自身が受けてきたような「授業」を、過去を繰り返すように同じように循環的に繰り返すことにつながっている気がします。

先生に今、求められているのは、内面の豊かさではないでしょうか。先生がどれだけ面白い体験をしながら大人になってきたか、どれだけバラエティ豊かな友人たちと関わり合ってきたか、どれだけ社会をくぐってきたか。そういう人生経験の人間的な奥行きが、子どもという本来多様な個性を持っている集団に、対面する時に生きてくると思います。

ところが先生たち自身が子どもたちに向けて、知的刺激や好奇心など学びの原動力を子どもの奥底から引き出すことが難しくなっているのです。背景には教員の多忙化があります。社会科の先生でも、ニュース番組を見たり、新聞にふれる時間がない。興味や好奇心のままに本を読んだり、映画や演劇を観るなどの時間がなく、長時間勤務の中で酸欠状態となっている。その結果、授業に魅力がなくなり、子どもたちが勉強嫌いになってしまう。そんな悪循環が起きているように感じます。

学校のカリキュラムそのものの問題もあります。「なぜそうなるのか」「別のやり方もあるのではないか」と問いかけ、子どもたちのオリジナルな発想を引き出し、たとえ間違っていても、それを試してみたり、子どもたち同士で解決方法を探してあれこれ討論したりという時間が、現在の学校にはまだまだ足りません。

日本ではあまりにも長い期間、学びの評価が排他的競争の中で行われてきたことへの反省から、一時共同学習が試されたり、総合的学習が取り入れられたりしましたが、その後に逆流があって、「ゆとり教育の弊害で学力が低下した」と表面的な批判が渦巻いてまた受験型に揺り戻されてしまいました。

子どもは本来、「学ぶことは楽しい」「新しいことを知るのはうれしい」という好奇心に満ちた存在です。一方通行の知識の詰め込みで勉強嫌いにしてしまうのではなく、学ぶことの楽しさを知ることで、アクティブな主体性のある学びができるようになります。

そのためにはどうすればいいのか。まず、先生自らが、子どもたちに向けた授業を準備できる条件を整えることです。さらに、学校の外に出れば、生き生きと学び、その学びを仕事に生かしているチャーミングな大人や若者はたくさんいます。子どもたちは敏感に「この人の生き方ってすごいな」と受け取り、受け身で待つよりも挑戦してみようという気持ちになるものです。そんな大人や若者と出会える場を作るのも大人の責任だと思います。

保坂さんへ 皆さんへ

教員に自由な創意工夫ができるゆとりを

リヒテルズ

保坂さんの指摘に加えて、教員に自由に選択したり裁量したりする権利がほとんどないことが日本の教育の大きな問題点だと思います。教員が教室の子どもたち全員に対して、一律にかつ一方的に知識を伝達する。今でも、日本の多くの学校では当たり前の光景ですが、西ヨーロッパ、特に、北欧やオランダなどでは1970年代にすでにこのような画一的な一斉授業への批判が始まっています。

子どもたちの頭にただ知識を投げ入れるように伝達するだけの授業は、そうした知識を吸収できる子どもとできない子どもを作ってしまいます。個々の子どもの発達のテンポやニーズに応じることなく、その年齢の「平均的な」レベルに合わせる。それは一見平等のように聞こえますが、実はどの分野でも平均的な発達を遂げるような「平均的な」子どもなど一人もいないと言っても良いのではないでしょうか。

誰にでも得意・不得意はあるもの。画一的な一斉授業は、ある分野でできる子どもをどんどん伸ばしてやることも、ある分野でどうしても理解が進まない子どもをわかるまで指導してやることもできません。誰の能力も伸ばさない、誰にとってもつまらない授業なのです。

また、検定教科書が非常に重視され、各学年で履修する課題が決められ、教科の時間数まで決まっています。教育方法を選択する自由、すなわち、授業の形式や教材や学級編制などを、子どもたちのニーズに合わせて教員が自由に選択できるという環境がなければ、国がどんなに素晴らしい教育改革をしようとしても「上からの押し付け」に過ぎず、教員の教育への熱意を育むことは難しくなるだけです。

子どもたちが、学校での学びを楽しいと感じ、学びの意欲を持てるようにするには、一人ひとりの子どもの発達やニーズに合わせて使い分けられる種々の教材が用意され、子どもたちがそれぞれ自分の発達や理解の段階に応じた課題を適宜に与えられ、それを子どもたち自身が納得して取り組めることが必要です。1日中一つしかない自分の席に縛りつけられるのではなく、自分なりのテンポで自律的に学ぶための場がいくつも色々な場所にある。一つの課題を終えるたびに「できた」「わかった」と実感できて初めて、学校の学びが楽しいものになります。

テストの点数だけじゃなく

保坂

私たちのように日本の教育で育ってきた人間は、学校のテストで100点満点方式で採点をされて、偏差値で序列化されることに疑問を持たず、ずっと当たり前だと思ってきました。成績によって進路が決まるのだと言われて、1点でも高い点数を取ることが自分自身の目標であり評価になりました。

たとえば、記述式の問題を熟考して、途中までは非常に独創的なアプローチで良いトライをしたけれど最後の所で単純な計算間違いをした場合とか、あるいは3分の2までは良かったけれど残りの3分の1の考え方に無理がありすぎたとか、間違え方にもいろいろあります。でも日本の教育評価の場合は、持ち点20だったらマイナス20点の採点になる。最終的な正誤がすべてになってしまうんですね。

従って、代表的なテスト問題を暗記する試験勉強も有効になる。問題の意味がわからなくても、正解を書くことができる。こうして、「テストには強いが考える力は弱い」という子どもも育ってくる。これがまさに日本の学校教育の歪みだと思います。学んでインプットしたことをアウトプットして評価を受けるのがテストしかない――。

そうなると、インプットも非常に偏ったものになっていかざるを得ません。これが、受験用の「詰め込みの勉強」ですね。とにかく暗記するとか、公式にあてはめてひたすら正確に解くとか。そういうことからは世の中について考えたり、宇宙の壮大な法則に感動したり、といった学びの深さや探究、喜びは生まれてこなくて当然です。

正解に最短距離で行き着くことを目的にするだけでなく、寄り道で発見したものに夢中になってもいい、子どもたちが好奇心を持つテーマを決めて、それを学校だけでなく地域にも開いてプレゼンテーションをするような場があれば、と思います。

地域の大人たちから、他のクラスの先生や子どもたちからも、「おー、すごいじゃないか」「面白かったよ」と様々な反響を感じられる機会があれば、点数では決して表せない、その子の個性ある多様な評価ができます。そして子どもにとっても社会を肌で感じる体験になっていくと思います。

学校教育が楽しいものになるためには、テストの点数が絶対的な評価になっているような評価基準を変えていくことが必要だと思います。

保坂さんへ 皆さんへ

子どもの能力を学力という一つのものさしだけで見ない

リヒテルズ

保坂さんの指摘は決して夢物語ではありません。私が注目しているオランダのイエナプラン教育では、次のようなことを指摘しています。

たとえば私たちがコンピュータを開く時に、デスクで開く時もあればソファーに座って開く時もありますよね。子どもたちも同じで、あっちの席に座ったりこっちの席に座ったりする自由があってもいいではないかというのです。

イエナプランの創始者であるペーターセンは、学校は「教育」ではなく、人間を「養い育てる」場であるべきだ、学校は、子どもたちが生きて育つ場、家庭のリビングルームのような場であるべきだと言っています。

そう考えると、確かに、私たち大人も、家では、自分にとって心地の良い場所で、読んだり、書いたり、調べたり、話し合ったりしていますよね。

二つ目は授業時間についてです。ペーターセンはこれまでの学校が当たり前に受け入れてきた科目別の時間割に対して、対話・仕事・遊び・催しの4つの基本活動をその日の子どもたちのバイオリズムに合わせて柔軟に時間を変えて行う「リズミックな時間割」を提唱しています。

授業の仕方によって、あるいは、子どもたちのグループの雰囲気や体調などによって、子どもたちが学びに積極的になる時と、ならない時があることは現場の先生なら皆よく知っておられることと思います。

子どもたちの動機付けがない時に、授業を一方的に押し付けても、学びの効果はほとんどありません。子どもたちのやる気を教員が引き出せていないのにチャイムがなるまでダラダラと時間を引き延ばしたり、せっかく子どもたちが意欲的になっているのにチャイムで切ったりするのは全く意味がないことだというのです。

教員の仕事は、子どもたちのやる気を引き出すこと、集中力が落ちた時には、遊びなどで気分転換をしたり、授業方法を変えるなどの工夫をすることであるのはいうまでもありません。一人ひとりの子どもたちや、クラス全体のバイオリズムを観察しながら、柔軟にやり方を変えられる、それが、教員の専門性なのです。

さらに、イエナプラン教育が強調しているのは、子どもたち自身による主体的な学び、すなわち「学びの当事者意識」です。教員は、子どもたちの進度に沿って課題を与えますが、その課題をいつ、どこで、どんな順番で、どんな風に進めるかは本人の選択を尊重する。さらに、教員が与える課題だけではなく、子ども自身が学びたいことを自分で選び、それに取り組む時間やゆとりを与えることも大切です。

このようにすると、子どもたちにも、勉強は、先生や親が言うからやっているのではなく、自分が色々なことに挑戦してできるようになるためにやっているということがわかり、何かを学んだ時に達成感を持てるのです。苦手な科目も自ら乗り越えてできるようになろうとするようになります。

子ども主体の、子ども自身が喜びを感じて取り組める学びとは、そういうものなのです。

先生も学び続ける姿を見せていこう

保坂

学校の先生たちと一緒に考えていきたいことがあります。現在は、社会の枠組みが大きく変わろうとしている時であることは、誰もが否定できません。

日本の社会全体で見ていくと、すでに学力偏重主義は揺らぎ、予測できないグローバルな国際社会を生き抜いていける人材の育成、活用が大きな課題になっています。これまでの習慣となっている仕事のやり方は、何とかして変えようと企業も試行錯誤しています。

実はこうした危機感から遠いところにいるのが、学校の中にいる先生方ではないでしょうか。社会の変化を知るためには、先生も学校から出て外の風にあたる必要があります。この3年で業績が急上昇してきた会社の話を聞いたり、世の中の変化に接することが大事です。でも、そんなヒマがない。日々が忙しい……という声が聞こえてきそうです。

先生方は、自分の学校体験と同様に、知識をしっかり記憶させて、テストで良い点数を取ることを目標にした授業を展開してしまう。一度教職に就くと、日々こまごまとした仕事に忙殺され、ゆっくりと授業準備をして他の教員の授業を見学したり互いに研究し合う、といった時間はほとんど取れないのが実情です。

子どもの興味や好奇心を引き出す学びを目指すためには、多くの時間を準備にあて、多彩な「良い授業」を見聞きし、資料にあたったりアドバイスも受けるなどを経て、自分の授業を新たに構築していく必要があります。教員が学び準備する時間を保障することが、まず重要だと思います。

こうした準備は一人ではできないのですが、教員同士の連携や支え合いという関係を作ることが難しく、ベテラン教員が若手を「指導」するような形になってしまうことが多いようです。学校全体で「どういう子どもを育てたいのか」と目標や方向性を持ち、授業を作り上げていくことが大切な時代だと思います。

実は、保護者の「学校依存」も改めなくてはいけないと思います。何もかも学校に期待し、先生にまかせるという態度は、ますます先生の多忙化を加速しています。先生と協同して「子どもにとって良い学び」に到達するために、保護者も授業を支える力となって欲しいのです。

保坂さんへ 皆さんへ

教員も学び続けることのできる環境作り

リヒテルズ

オランダで1970年代に、画一的な学校教育を個別の子どもの発達に合わせたものに変えるという改革が行われた時に、まず国が取り組んだのは、先生たちに研修をして新しい教え方を学ぶ機会を生み出すことでした。国立の研究所が教え方に多様性を持たせる研究を行い、各地に教育サポート機関をおいて、先生方が公費で学べる機会を組織的に生み出していったのです。

オランダの教材は教科書ではなくメソッドになっています。この単元で教えなければならない目的は何なのかが明確になっていて、その材料（教材や教え方）の選択肢がメニューとして示してあります。これをもとに教員は自分の学校の状況に合わせて材料を選んだり、自分でアイデアを追加したりして教えることができます。

ただ、教員はあれもこれも教えなければいけないので、それらをすべて自分で準備することは困難です。だからオランダでは、サポートセンターにあらかじめ様々なメソッドが置いてあり、それをもとにして専門家がアドバイスもしています。

日本で教科書をなくしてメソッド型の教育にするとなると、先生方に経験がないため、戸惑いが起きると思うので、今すぐそれを実現するのは難しいでしょう。でも、たとえば総合的学習とか生活指導とか、教員が困っている時に、そこに行けばある程度の教え方の枠組みが色々と用意されていて、そこにアドバイスできる専門家もいるというところから始めることはできるのではないかと思います。

教員に対するサポートがどうしたら進むかということに関しては、やはり大人が学び続ける社会を作っていくこと、人間は生涯「ラーナー（学習者）」として生きていく存在だという共通認識を持つことが必要だと思います。今の時代は、次々に新しい情報が入ってくるし、2~3年という短いスパンで新しいやり方、新しい技術に変わっていきますから、大人になっても学び続けていく姿勢を学んでおかなければなりません。教員だけではなく、企業に勤めている人も、ありとあらゆる場所で学び続けることがこれからの生き方になります。

教員自身が学び続けることができ、学び続けている先生の姿を子どもたちに見せられる制度にしていくこと。そのためにはサポートであったりコーチングであったり、教員としての専門性を高めるために学ぶ時間・場所が確保される事が必要です。これは日本が制度的にも資金的にもたいへん遅れている部分です。

学校を問い直そう

明治に入り学校教育がスタートして、学歴社会が最初に有効な力を持ったのは、実は学校の世界だったそうです。ピラミッドのトップに東京帝国大学があり、ここを卒業すれば、「偉い人」とされる。これまでの日本にない学歴社会が、初めて構築されて、最初の影響が出てきた世界は、学校の人事でした。そこから、学歴社会=信仰が社会全体を染めるのに、そう時間はかからなかったといいます。やがて、庶民にも先生の絶対的な権威のもとに、子どもや親に「勉学に励み、立身出世もするように」という価値観を広げていきました。貧困世帯の子どもも勉学に励み学歴を得ることで、貧困層から抜け出し官僚や軍人になって、故郷に錦の旗をかざることができたことも、大きな要素です。身分制社会の壁をつき破ることもできるようになったのです。

90年代以降、バブル崩壊で色々なものが売れなくなりましたが、例外的に教育産業だけは伸び続けるという時代が長くありました。多くの支出を削っても、唯一削れない投資が教育だと考えられていたんですね。

しかし1997年をピークに日本人の勤労者平均所得は下がり続け、盤石と思われていた産業や企業の骨格が次々に揺らぎ始める中で、過去の学歴信仰や教育産業の事業モデル自体が根底から変わり始めています。

今から25年ほど前の90年代、教育ジャーナリスト時代の私は、子育て世代に向けて講演する機会が多くありました。たとえば、学校のアウトサイダーだった私自身の話をすると、20年前は必ず「現実には塾に行かないわけにはいかないし、受験は避けては通れないし」という意見が出たものです。

しかし、今の子育て世代は、反応が異なります。今の親世代は、日本経済が悪化を続けていく時代に育ってきましたから、「いい学校に行っていい会社に就職して……」「東大に合格して中央省庁に入って……」といったステレオタイプの目標を持たなくなっています。だからこそ、教育というもの、子どもの人生というものについて、迷いも大きくなるんですよね。

現在、これまで学歴信仰を支えてきた企業自体が、「学校は変わらなければならない」「これまでのような教育では世界の中で生き残れない」と切実に感じています。一般の企業でも、学歴だけに頼った採用の限界を感じ、どのような人材をどうやって手に入れようかと必死に模索しています。親も企業も社会も、学校教育の存在意義を問い直しています。

保坂さんへ 皆さんへ

学校を、「子どもたちにとって気持ちいい場所」に

リヒテルズ

今のお話で、私も日本の学校と学歴社会を振り返ることができました。日本の学校がこれからどのように変わっていったらいいのか。最も大切なビジョンだと思っているのは、学校そのものを気持ちのいい場所にしなければいけないということです。これまでの学校は、先生が上にいて、使うものも皆同じで、殺風景な教室で、というものでした。それはやはり子どもたちにとって気持ちのいい場所ではないですよね。子どもにとって気持ちの良い場所、快適さを保障することが学力発達の前提、という考え方がヨーロッパでは進んでいます。

日本でもこのところ、「学校とは何か」とその本質を問い直す動きが出てきていると思います。オランダでもたぶん20年ぐらい前までは、多くの親たちに、「一生懸命勉強していればいい職につけるから」という気持ちがあったと思いますが、それがこの20年ほどのあいだに一気に崩れてきているように感じています。

もちろんヨーロッパではオルタナティブ教育の歴史が古く、100年も前に「教室」や「時間割」など、学校を軍隊の兵舎に見立てたような学校のあり方に対して、もっと個別の子どもの全人的な発達を見守る場としての学校教育の実践が、数は少ないですが存在してきました。こうした学校のあり方が、広く一般の人々にも受け入れられるようになってきたのが、この20年ほどの変化ではないかと思います。それは、グローバル化によって社会そのもののあり方が変わり、学校に期待されている役割が、これまでとは根本的に変わってきていることへの気付きだと思います。

AIの発達によって、産業界における人間の労働形態が変わり、あるいは、人間による労働そのものが不必要になっていく可能性が出てきました。高齢化社会の進行と共に、福祉制度にも限界がきて、市民の社会参加も求められるようになっています。

これからの学校は、地球規模の問題を、異文化の人々と協力して解決に取り組む意欲を持つグローバル市民の育成と共に、近隣社会への社会貢献に積極的な人々を育てることを課題とする時代になっています。

その意味で、「共生」や「責任ある市民性（シチズンシップ）」を練習する場としての学校が求められています。現在ヨーロッパで広く見られる傾向として、学校を、子どもたちを中心に保護者や教員と共に作る「学校共同体」とし、そこに関わるすべての人たちにとって快適な場所にしようという動きが、かなり早いスピードで広がっていることです。また、学力も、子ども同士がお互いに、あるいは教員や保護者と、信頼関係にあり、安心できて快適な環境にある時に、最も発達すると考えられるようになってきています。

がんばれ公教育

子どもが地域社会の学校で学ぶ意義は大きいと思います。地域の学校で色々な職業の家庭の子どもたちが一堂に会する場所で学ぶことは、社会の一員として生きていく上で大切なベースとなる。ここに公教育の大切な意味があると思っています。

今のように教育産業が子どもをターゲットにした巨大ビジネスとなる前は、塾に通う経済的余裕がなくても、学校で頑張って優秀な成績を取って国公立大学へ進学し、就きたい職業に就く……というような「階層移動」が可能でした。

ところが今は、塾等の教育産業にお金を投じられるか否かが、そのまま成績の上下や学歴に比例してしまい、親子三代が同じ高校や大学、親戚もほぼ同レベルの学歴といったケースが増えています。学歴や所得や職業などによって序列付けられる流れは、変えなければいけません。それにはまず、学校から変わっていくしかないのです。

でも、簡単なことではありません。時間割も、生徒手帳に書かれていることも、制服も似たようなもので、どの学校でも同じような運動会をやっていて、と互いを画一的に縛り合っているような文化では変わっていけないでしょう。

私は、学校を変えるアプローチとして「周辺から変えていく」のが一つの方法ではないかと思っています。

たとえば、子どもの人口は減っている一方で、精神的理由で学校に通い続けることができない子どもたちは増えています。その子どもたちを「子どもの遊び」という方向からもう一度組み直して、子どもの社会性の発達を支えていこうという意欲的な活動が、学校の外側にあります。

また、発達障害といわれ、学校生活の中ではどうしていいかわからなくなっている親と子どもの放課後の居場所を作り、そこで一人ひとりの特性に合わせた療育や学習サポートをする場も、学校の外側に増えています。

一斉授業という今の学校のスタンダードな日常の中で、違う様式で学んだ方がいい子どもたちも増えています（現状の教育にあきたらない子ども、でき過ぎる子どもも含めて）。そこをフォローしているのが塾ならば、塾を利用できない家庭の子どもたちへのフォローも必要です。公教育の守備範囲は学校が中心だとしても、学校の周辺領域を豊かにしていくことから始めて、地域の公教育の学校が変わっていくことにつなげられないでしょうか。

保坂さんへ 皆さんへ

親心が育ててしまった塾産業

リヒテルズ

学歴主義や受験競争、また、学力の学校間比較や地域間比較、さらには、授業中、必要に応じて創意工夫することを妨げる規則の数々、先生たちには、一人ひとりの子どもの関心やニーズにゆっくり応じているゆとりがなくなっています。その結果、落ちこぼれや学校に行きたがらない子どもたちが量産され、「我が子だけはそうなってはいけない」と考えている親たちは、学校の勉強についていけるように塾に通わせる、という流れができてしまっています。

この構造が、同時に日本の塾産業を発展させてきたのですね。確かに、塾に行けば、国の規則などないし、教科書も決められているわけではないですから、親が出すお金で種々の教材も揃えられるし、個別の対応ができるように人員を増やすことだってできる。つまり、本来ならば、学校がやらなければならない、個別指導や教材の充実を、日本では塾に行かなければやってもらえないという状況なのです。

さらに、ここ最近の日本の塾産業の動きを見ていると、グローバル時代の人間形成とか、個性の発達とか、自然との触れ合いなど、全人的な人間形成や環境への意識を高めるような教育へ向かおうとしている塾が出てきている。これも、塾には学校が持っている面倒な縛りがないし、親がお金を出すので、学校よりも広い可能性があるからなんですよね。

いずれにしても、本来、未来社会の変化を想定して、国が先取りして新しい人間形成のための場を作るのが公教育の役割であり、学校はこの仕事をすべての子どもたちのために担っていなければならないはずなのに、それが全くできていないということなのです。

せっかく教員免許を取り、採用試験にも通って学校の先生になった若者たちが、学校ではあまりにも自由に教育ができないために、せっかくの資格を放棄して、私塾を開いたり、有名な塾チェーンに就職したりしているのも事実です。

塾に通うことが可能な経済的に裕福な家庭の子どもたちだけが、未来社会のニーズに即した教育を受けられるというのでは、社会の不平等は深まるばかりです。その意味で、現在、公教育制度そのものが、子どもたちの様々なニーズに応じられていないという状況は、本来、公教育によって、すべての子どもたちの可能性を引き出して様々な人材を育成し、国家社会の安定と発展を目指すという目的に、全く合っていないということなのです。

私が子どもの頃は、小学校には地域にあらゆる子どもたちがいました。今なら発達障害や知的障害の診断を受けて特別支援教育の対象となる子どもも、軽度の身体障害を持っている子どもも、大半が、同じクラスの中で一緒に過ごしていたように思います。当時は、インクルージョンという言葉も聞いたことがありませんでしたが、実質的には、今よりもずっとインクルーシブな学校だったと思います。

学校が社会の縮図として機能していること、その中で「学力」だけでなく、人間としての全人格的な成長を保障されることが、子どもにはとても大切です。金持ちの子は塾に行き、そうでない子だけが公立の学校に行くという、東京などの大都市によく見られる教育の姿は、公教育がいかに歪んでしまっているかの証左にほかなりません。

オランダと日本の教育の違い

保坂　初めに、もっとも多い質問だと思いますが、オランダと日本の教育の違いについて、読者のお母さんお父さんに向けてお話をしていただけますか。

リヒテルズ　そうですね。ひと言でいうのはとても難しいのですが、皆さんは「オルタナティブ教育」という言葉を聞いたことはあるでしょうか？　既存の公教育に対して「別の選択肢の教育」「刷新的な教育」という意味あいを持つ教育のビジョンや方法です。オランダはこの「オルタナティブ教育」の先進国です。たとえば、モンテッソーリやシュタイナーは日本でも有名ですよね。その他にもフレネとかダルトンとかもそうです。

保坂　日本でもモンテッソーリやシュタイナーを取り入れた幼稚園や小学校が

あり、子どもたちの活動がとても自由だという印象がありますね。

リヒテルズ　オランダでは、1917年の憲法改正以来、日本のような学区制がないので、保護者が子どもにふさわしいと思う学校を複数の選択肢の中から自由に選択できます。また、地域の人口密度により200人から300人程度の保護者の署名を集めれば誰でも学校を設立できるという学校設立の自由も保障されています。そして学校は、独自の教育ビジョンに基づいて教育実践を展開できると同時に、教材や教育方法も選べるという自由も認められているんです。

保坂　100年以上前から、自由な教育の素地があったということなのですね。

リヒテルズ　はい。ですから1960年代に初めてオランダに紹介された「イエナプラン」は、オランダの若い保護者や教員の賛同を集め、政府も注目し、画一教育から個別教育へと転換を図る教育改革にも大きな影響を与えました。

70年代以降のオランダの教育政策は、一貫して「子どもの自由や個人の発達を尊重した教育」を目指すことがベースになっています。こうした環境の中で、オルタナティブ教育と表明している学校だけでなく、多くの学校が独自の教育ビジョンを実践し、創意工夫を重ね改善努力を続けています。

保坂　私もリヒテルズさんの案内でイエナプラン教育の学校を見てきましたので、オランダはオルタナティブ教育の先進国ということがよくわかります。60年代にオランダにもたらされたイエナプランは、教育関係者から国までを動かしたということですが、どのように広まっていったのでしょうか。

リヒテルズ　イエナプランは、もともとドイツのペーターセンという人がイエナ大学の教育実践を発表したのが始まりです。1926年のことです。しかし、ドイツでは、その後の政治的な状況や教育制度の限界から、イエナプランはあまり大きく広がることがありませんでした。

他方、1960年代のオランダは、民主化運動が盛んな時期で、イエナプランは、この時期に紹介され、子どもの個性を尊重する教育を求めていた保護者や教員たちに支持されて、一気に広がっていきました。現在、オランダ全土に、公立・私立を合わせて約220校のイエナプラン小学校があります。これは、全体の3%にしか当たりませんが、イエナプランやモンテッソーリなど、オルタナティブ教育の考え方は、現在、一般の学校にも色濃い影響がみられます。

教室はリビングルーム、三学年同一クラス、教員もチームワーク

保坂　イエナプラン小学校の教育は、日本から見るととても特色がありますね。

リヒテルズ　イエナプランの教育方法は、「子どもの個別の発達の尊重」と「協働体験を通した他者の尊重」という二つに集約されていきます。子どもたちが、教員からの強制によってではなく、自ら学習の当事者として主体的に学べること。人と比較されるのではなく自分の発達の流れにそって成長していけること。学力だけではなく、他者と共に協力して社会に参加し社会を支える「市民」として大切な力を養えること。それがイエナプランの根幹です。

保坂　まさに子どもに受けてもらいたい教育、という保護者は多いと思います。

リヒテルズ　わかります。親は皆、子どもが毎日幸せな気持ちで過ごして欲しいと願いますし、子どもの個性を伸ばしてあげたいと願いますよね。人の痛みがわかると同時に、自分らしいあるがままの姿で社会の中に意味のある場を見つけて欲しい、というのも多くの親の願うところでしょう。それを実現させるために教育があるんですよ。子どもを育てるというのは、社会の未来を育てることですから。

保坂　イエナプランの教室や授業は、日本とは大きな違いがありそうですね。短時間の見学でしたが、子どもたちはイキイキと学習に取り組んでいましたね。

リヒテルズ　イエナプランの特徴の一つは、教室はリビングルームという考え方です。日本の学校は机が整然と並んでいて自分の席が決まっていて、全員が先生の方を向いて授業を受けるのが基本です。イエナプランは違います。教室には教壇がなく、子どもたちは4、5人ずつの小グループのテーブルで勉強していて、真ん中にベンチや椅子などを輪にして並べた場所があり、いつでも全員がそこに円座に座って話し合えます。教室の隅や廊下にもソファやテーブルが置いてあり、子どもたちは、自分の活動にふさわしい場を自由に選んで学べます。

もう一つ、イエナプランの特徴はマルチエイジのクラス（異年齢学級・三学年同一クラス）です。一つの教室には三学年の生徒が一緒になり、「ファミリーグループ」と呼ばれるクラスメートになります。さらにその中で、5～6人単位の「テーブルグループ」と呼ばれる班が作られます。これも三学年の生徒が一緒になります。こうすることで、子どもたち同士で教えたり教えられたり、助けたり助けられたりができるのです。

保坂　学年の違う生徒たちがいるクラスで、それぞれの学習課題に取り組んでいる教室は、見学した時、とても静かで子どもたちが勉強に集中していましたね。教科の授業はどのように進めるんですか。

イエナプランでは、教科ごとに決まった時間割は作りません。①サークル対話、②遊び、③仕事（学習）、④催し（行事）という4つのパターンの活動を循環させる時間割が作られています。円座になって行われる「サークル対話」は、自分の考えを言葉にしたり、他の子の言葉に耳を傾けることを学ぶ大切な場です。また、この対話を毎日続けることで、子どもたちは、お互いに家族のような信頼関係を築けるようになります。対話には、先生も参加しますが、それが、大人と共に作る「共同体」を体験する場にもなっているのです。

また、「遊び」には、教員がタイミングをみて意図的に子どもたちにやらせる遊びと、自由遊びとがありますが、遊びの場を通して、子どもたちはリアルな状況で他者をどう受け入れたりコンフリクト（対立）をどう解決するか、という社会性や情緒を発達させていきます。

「仕事（学習）」は個別に行う自立学習と、他の子と協力して行う協働学習の形態があります。

最後の「催し」は、年中行事や子どもや先生の誕生日を祝うほか、毎週のように全校生徒の参加で学習発表会を行なっています。こうして、学校に関わる人たちが喜怒哀楽を共感する場ができ、共同体としての結束が強まっていくのです。

保坂　これだけの内容をコントロールしようとすると、学校の先生の力量が問われますよね。

リヒテルズ　その危惧もよく聞かれます。教員一人の力量より学校職員のチームワークが非常に重要で、年間計画も月間計画も週間計画も、職員全員で話し合い学校の企画として作り上げていきます。ですから、一人の先生の力量だけでクラス運営が大きく左右されることはありません。

学校は保護者と教員が作る生きた学びの共同体

リヒテルズ　そして、皆さんにもっとも関係の深い保護者との関係においても、イエナプランでは、子どもの教育は学校と保護者との協力関係に基づいて行う、学校は、子どもたちを中心に保護者と教員とが作る「生きた学びの共同体」であるという考え方があります。そのため、保護者にはいつも学校の状況をオープンに伝え、質問にも率直に答えることを重視しています。教育活動の中に保護者が参加することも積極的に奨励します。

保坂　子どもが主役の学校作りは、とても大切な課題です。「生きた学びの共同体」とは、いい言葉ですね、なんだかワクワクする響きがあります。

リヒテルズ　確かにいきなり学校の枠組みをそっくり変えることは無理でしょう。でも、大切なのはシステムよりも一人ひとりの教員や保護者、すべての子どもたちを中心にそれを取り巻いている共同体としての学校が、どこまで子どもを主役にした教育について真剣に取り組もうとしているかです。

教育を変えていくのはトップダウンではなく、ボトムアップからです。自分の子どもの幸せのために、自分の学校を変えていくこと。そのために保護者と教員が対立して互いを批判するのではなく、お互いの良さを認め合って手を組むこと。オランダの学校も、そうやって話し合いの中から、「こうしてみよう」という方法論が生まれ、変わっていったのです。

PART 3

先生を笑顔に

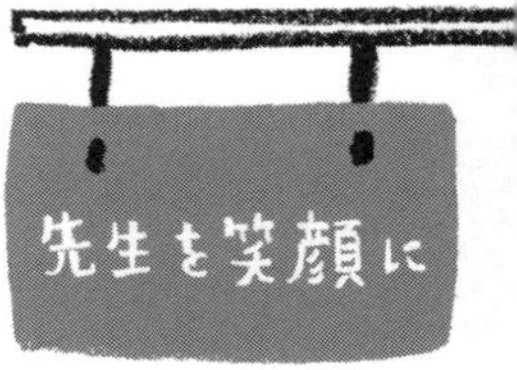

先生をとりまく環境
厳しすぎませんか

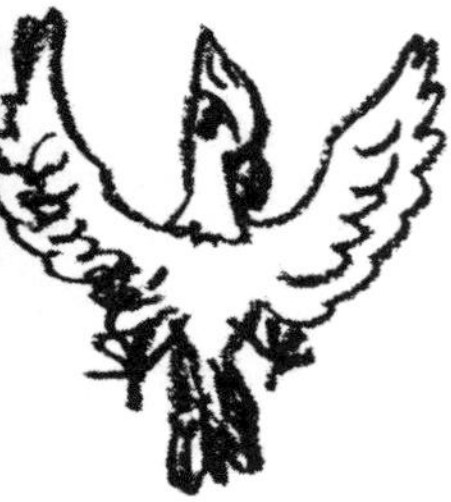

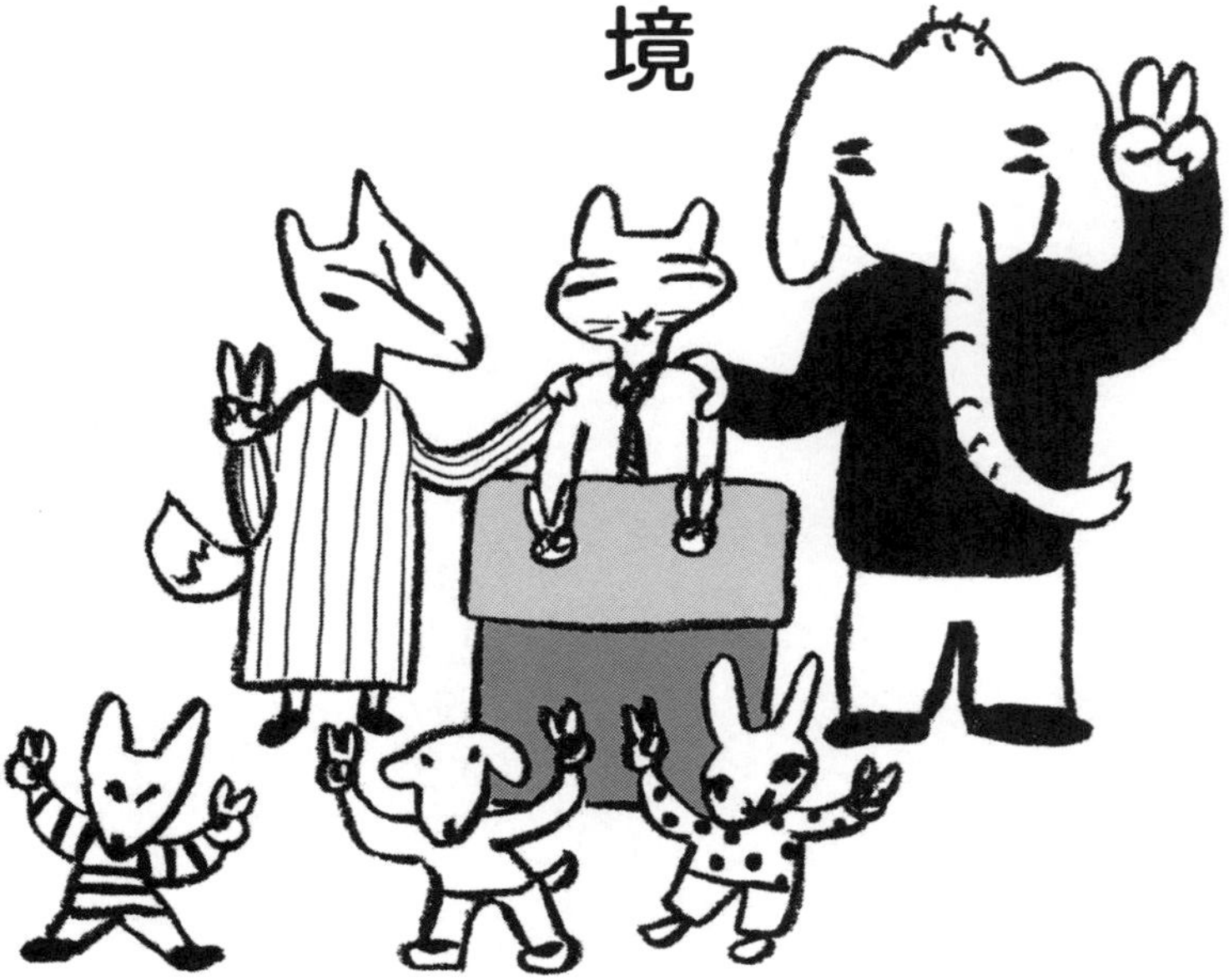

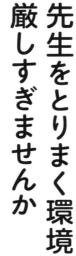

保坂

皆さんにはちょっと想像がつかないかもしれませんが、先生が「学士さま」と呼ばれ、大学というすごいところで勉強してきた、まるで別世界からの訪問者のように尊敬を持って迎えられた時代がありました。親よりずっと年下の若くてまだ未熟な先生であっても、「何かわからないことがあったら先生に聞きなさい」と子どもたちに言い聞かせ、教育に携わる人を地域社会が丸ごと支えていたのですね。

今、その環境は激変しています。仕事等の専門分野では先生より知識や経験を持つ親がいたり、インターネット検索すれば子どもでも先生も知らない詳細な事柄や知識をたやすく手に入れることができる時代です。先生が、知の優位性で尊敬されたり教室をコントロールできる、という構図ではなくなっています。

さらに、学校によっては、複数の発達障害を持つ子どもへの個別対応で手一杯になっていることも少なくありません。それでも、授業を遅らせることなく、かつクラス全体が一定以上の理解に到達することが求められます。一人の先生がオールマイティに全員を引っ張っていくことには相当に無理な状況なのに、それができなければ「力のない先生」「教えるのが下手な先生」と言われるのです。

その一方で、昔からの学校文化の名残りで、校長先生の中には、「うちの学校はすばらしい。皆さんの協力のおかげで、子どもたちはすくすく育っています」と、問題があってもそれを認めるのを躊躇《ちゅうちょ》してしまう傾向がある。そのために、現場の先生たちが出口のない袋小路の中で、疲弊《ひへい》していく事態も見受けられます。

学級王国の中で、魅力あふれるスーパー先生がすごく頑張って、次々と難題に挑みながら、クラスをまとめあげていく……こんな理想化されたイメージは、一昔前の学園ドラマの残影でしかありません。学校の現状を見ないで、「いい先生」を求めるのはそろそろ限界だと思います。

先生も一人の人間です。苦手なところ、足りないところもたくさんあります。教育現場はそれを隠して取りつくろわないこと、万全を目指しても、至らないところがあるのは当然です。そのためには、保護者は先生の不得意なところをあげつらって批判するのではなく、協力できることを探して先生を支えていくことを考えていくべきだと思います。

保坂さんへ　皆さんへ

保護者と教員が共に子どものために協働する

リヒテルズ

私も、保坂さんと同世代。学校や先生が地域の誇りであった時代の名残の中で育ったことを思い出しました。

保護者や教員は、子どもにとって普段接することのある数少ない大人の代表ですね。でも今、日本の学校では、保護者と教員が子どものために協働したり歩み寄って話し合いをしているというよりも、お互いに信頼関係がなく対立的である場合が多いと思います。

保護者と教員が対立しているこのような状況は、子どもにとって、大人社会に対して、ひいては未来に対して失望感を抱かせるものではないでしょうか。

子どもを中心におき、一人ひとりの育ちを大人たちが協力して支える学校共同体が必要です。保護者と教員はお互いに違う立場ではあるけれど、子どもたちのために、率直な意見交換ができる環境を作らなければいけないと思います。

保護者の「保護」とは、未成年である子どもの権利の「保護」を意味しており、保護者は、学校教育の受益者である子どもの代弁者であるのです。また、教員は、教育の専門家として、すべての子どもたちの発達を促すスキルや知識を持っている存在でなければなりません。子どもの権利を代弁する保護者と、子どもの発達の専門家である教員とがお互いに話し合うことで、個別の子どもの発達にとって、最適な状況を生み出していくのは当然のことです。

日本の学校教育は、行政からの管理があまりにも強く、教員の自由裁量権も、保護者の発言権もほとんど認められていません。本当は、保護者と教員が、子どもたちのために、共につながって、「こんな学校を皆で作りたい」と声をあげ、学校を自分たちのものにしていかなければならないのではないでしょうか。

オランダでは、学校の方針や教育方法、また、校長や教職員の採用や罷免についての学校運営者（市当局や私立校の理事会）の決定に対して、保護者や教員が拒否したり審議し直しを要求できるという発言権が保障されています。オランダに限らず、アメリカやヨーロッパのほとんどの国には、子どもの権利を代弁する保護者の発言権が法律で保障されています。こうした保護者と教員の権利保護が明確でない日本の学校の姿は、民主国家としては、極めて歪《いびつ》なものであると言わざるを得ません。

学校を、教員と保護者が協力して、子どもたちの発達のために努力できる「学校共同体」にするには、まず、教員や保護者が、それぞれの立場から忌憚《きたん》なく自由闊達《かったつ》に発言する権利を法的に保障し、子どもたちの模範として「共同体に生きる市民」らしく行動できるように、条件を整えなければならないのではないでしょうか。

何から何まで教員の仕事はもう限界

保坂

私が子どもだったころの先生は、休み時間に一緒に校庭で遊んだり、朝や放課後に補習授業をしてくれたりと、児童生徒の中にいてくれました。私が質問や議論を持ちかけると、たっぷりと時間をかけて、納得がいくまで付き合って話をしてくれる先生もたくさんいました。

しかし今の先生には、授業やクラブ活動など以外で、子どもたちと接する時間がほとんど取れないと聞きます。

原因は色々あります。まず一つは、事務仕事に忙殺されるということ。学校での事務仕事は昔からありましたが、情報化の進展と共にこれがとても増えています。パソコンの画面に見入る時間が多くなった分、子どもに向き合えないという声もよく聞きます。また最近では、調査や報告書の作成という仕事の負担も大きくなっています。社会的に関心が高まる問題になると、学校に対して国や県、市町村などから子どもの実態調査・報告・アンケートを求めることが増え、その処理にまた膨大な時間が割かれるという指摘もあります。

こうした作業量の増加に加え、教員がもっとも対応に苦慮しているのが、保護者や地域住民からの様々な要望への対応です。ひと昔前には出なかったような近隣住民からの苦情、我が子への特別な対応を求める親とのやりとりも、すべて教員の仕事になっています。さらに、様々な家庭の事情を持った生徒（ＤＶや虐待が疑われる家庭や親が日本語を話せない外国人家庭、不安定で低収入の貧困家庭など）、不登校児へのフォローなど、気を配らなければいけないことは限りなくあります。

中学、高校になると、部活動の指導まで加わります。教員が本来、もっとも力を入れたい授業準備、生徒とのコミュニケーションなどを後回しにせざるを得ないような状況の中で、やる気のある先生ほど、朝早くから夜遅くまで残業し、休日を削って仕事をすることになるのです。

地域社会の力が弱まり、家族のあり方が大きく変化する中で、すべての役割が学校に求められがちです。事務職を増やす、地域の大人たちがもっと学校の活動や授業に協力するような学校運営の充実した体制を、もっと作らなければと思います。何より地域社会全体が、子どもの生活に目を配り、子育て家庭を支えるという基本に立ち返る必要があります。

保坂さんへ 皆さんへ

日本の先生は長時間労働と減点評価にさらされています

リヒテルズ

子どもの自信と意欲を育てようと思ったら、学校や先生に、子どもと歩調を合わせるゆとりが必要ですね。今の保坂さんのお話で改めてそう感じました。

日本の学校の先生が忙しすぎるのは、欧米諸国と比べてはるかに労働時間が長いことからも明らかです。子どもに関わるすべての責任を負わされていて、しかも最初からできていて当然というところからスタートさせられているため、満点からの減点評価という日本の学校文化は、教員に対しても厳しい状況を生み出していると思います。まずは教員の仕事や責任の範囲、地域社会の役割、保護者の役割というものを、社会全体がしっかりと共通認識として持つことが必要なのではないでしょうか。

それができたとしても、教員は忙しい仕事です。これでいいというゴールがなく、日々変化していく子どもたちの成長発達を見守り、つまづきや悩みに気付き対応していくためには、教員自身も成長していかなければいけません。「完璧《かんぺき》」を装って問題を隠すような学校では、教員は誰にも悩みを相談できず、授業の進め方や生徒への対応をもっと工夫したい、より良くしたいと思っても、自分で試行錯誤するしかありません。日本の教員が数年で疲弊してしまうのは、せっかく教員になりたいと思った時に持っていた高い志を、達成する場がないということも大きいと思います。

日本でも教員の研修やモデル授業のようなものもありますが、そこでまた先生たちが減点され、足りないところを指摘されるだけでは意味がありません。研修を受けるのが楽しい、こんなに新しいことを学べたという手ごたえが感じられ、教員がエンパワーメントされる研修をするべきです。そして、教員が「自分ならこう教えたい」と思った時に、それを実行してみたり修正してみたりできる自由があることが大切です。

かつての「ゆとり教育」や「総合的学習」の混乱のいちばんの原因は、先生たちを支える情報や研修がなかったこと、先生たちの創意工夫がポジティブに評価されるような学校文化が育っていなかったことだと思います。オランダのような教育メソッドのサポート体制があり、教員が専門性という武器をもち、自信とやりがいを持てるようなファシリテーターとして教員と共に伴走してくれる支援者の存在、そして、教員たちの成長を見守るために「盾」になってくれる校長ら管理職が必要だと思います。

先生の仕事にもワークシェア

保坂

オランダの小学校を視察させていただいた時、1クラスを教員二人で担当するワークシェアリングの教室運営をする学校に出会いました。週のうち2日と3日を二人の先生が交互にクラスに来ることになります。このシステムの中では、教員がクラスに君臨してしまうこともなければ、逆に保護者が完璧を求めて担任の先生を突き上げるというようなこともなくなるでしょう。ひと昔前の日本に根強くあった学級王国的なことは起こりようがなく、日本でも先生のワークシェアが応用できたらどうだろうか！　と新鮮な発見でした。

また、授業の進め方も印象深く示唆に富んでいました。一つの教科を、たとえば「読解力」「表現力」「スペル」といった要素に分けて、子どもたちの達成度をグラフ化します。そして、遅れがちな傾向の子どもたちを一人の教師が見てフォローし、もう一人が全体の授業をカリキュラムに沿って進めていきます。つまり特別支援教育で行われている個別教育が日常的なクラスにも組み込まれていたのです。同時に、平均的な進度では物足りない子どもにはさらに高度な教材を提供する、といった対応も工夫しているとのことで、感銘を受けました。

国際化にともない、他の国のクラスとスカイプでつながり、生物や経済などの学科単位で、英語で共同学習をするという試みも始められていました。

日本でも、クラスの中では多様な課題が同時に発生しているのですが、担任教員一人で対応することが求められているのが現状です。当然、一人でできることには限界があります。これでは疲弊して心身の健康を崩してしまう教員が増えるのも無理はないと思います。

担任になってすぐにクラス全体の状況把握ができて、スムーズなクラス運営や授業ができる……という前提で教員を見ていないでしょうか。保護者の多くが教員を見る目も問題だと思います。多様で難しい対応が求められる中、教員の仕事についてもシェアしたりフォローし合ったりしながら進めていく学校に変えていきたいと思いました。

保坂さんへ 皆さんへ

先生にとっても心地良い環境を作る

リヒテルズ

保坂さんがオランダを視察してくださった時は、オランダ在住の私がご案内役をさせていただきましたので、保坂さんの感想は、改めて日本の教育を現場から変革していくにはどうすれば良いのかと考えるきっかけになりました。

教員がストレスを抱えていたり、疲れて不健康な様子では、そこに毎日やってきて勉強する子どもたちの発達に不健全な影響を与えるリスクが大きい環境であると言わざるを得ませんね。

前にも述べたとおり、学校そのものを子どもや教職員皆にとって健全な場所にしようという運動は、現在、欧米の先進諸国で広く勧められているものです。オランダでは、「ヘルシースクールプログラム」という政策を国が推進しており、その中には子どもたちだけではなく「教員の健康度」をあげることもはっきり目標として盛り込まれています。これに関しては私自身、共同研究に加わって、何校かの学校の取り組みを調査しました。たとえば、禁煙の推奨、職員室に置く食べ物を健康的なものに変えるなど、身近なところから始まり、勤務時間の短縮のための仕事のシェア、教員のためのレクリエーションの企画、自転車通勤の推進など、様々な取り組みが行われていました。また、こうした事業を地方の保健局がサポートしており、教員の仕事をさらに増やして、大切な授業に支障が出ることのないようにしているのです。

また、教員の専門性向上のために、オランダでは、国が、すべての教員に対して、毎年約10万円の研修費を保障し、正規の就業時間のうちの10%を研修に当てるように定めています。学校は、教職員の研修費をまとめて使い、学校の教職員チームのチーム作りにも使うことができますし、学校経営や学級経営のために、専門家に学校を訪問してもらい、現場の特定の状況の中で助言を受けたり、個別の教員がコーチングを受けることもできます。

このような、教員にとって人間らしく働きやすい快適な環境作りが、保護者とのリラックスした関係作りに功を奏していると思います。

先生の笑顔を増やそう

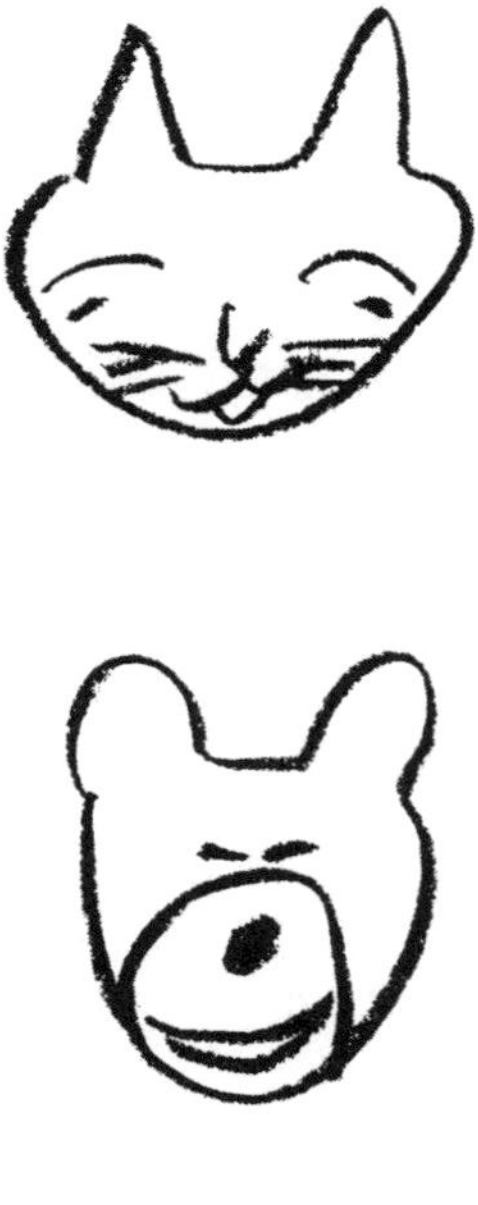

保坂　教壇に立つ先生の多くは、教育にかける想いや思いがあって教員を志した人たちです。でも、際限なく目前に現れる課題と格闘する中で、何年かで疲弊してしまうのです。教員も参加する研修会などの懇談会に参加すると、特に中学校の先生、それも中堅クラスの先生は疲れている表情が多く、何より笑顔が少ないんですね。

なぜ先生は疲れてしまうのでしょうか。それは、やらなければいけないこと、考えなければいけないことなど仕事量が多いばかりか、生徒の生活態度から学力から進路から精神状態から何から何まで、責任を持たされる範囲があまりに広いことに起因しているのではないかと感じています。その結果、保護者も社会も何かと教員に批判の目を向け、先生に対しても減点方式の評価をする傾向があるように思います。

こうした先生を取り巻く厳しい状況が、「常に可能性はあるぞ」「あきらめるな」「チャンスをつかめ」というポジティブなメッセージを先生から減退させたり奪ったりしていないでしょうか。先生自身が元気で未知への挑戦もいとわず、子どもたちと一緒に走るのではなく、「世の中、思うようにはいかないぞ」「夢のようなことばかり考えないで、現実を見ろ」とあきらめを植えつけるような魂のブラックホールに陥っ

ていないでしょうか。それが、子どもたちの心身を萎縮させていくことになってい
ないでしょうか。

　私がオランダの学校を視察させていただいた時に印象的だったのが、保護者が学校に手伝いに来ている姿です。給食の時間、先生たちの姿がないかわりに、親たちが手伝いに来ていて、その間先生はゆっくり休憩することができるんです。そもそも、給食時間は先生の仕事ではないのです。日本では給食の時間でも、何かあったら大変……と先生は気を抜けません。

　学校の先生も生活者の一人であり、勤労者であり、大切にしているパートナーを持ち、子の親でもあります。そのように理解することで、保護者と先生の互いの共感の部分が広がっていくのではないでしょうか。

　子どもを中心にしてお互いがそれぞれの役割を果たしながら、子どもの育ちに責任を持つ。それが保護者と先生の関係であるべきです。「私たちにお手伝いできることはありますか」「この行事の中で保護者が受け持つべき仕事は何ですか」。そうやってもっと学校に入っていって、子どもたちの活動を支えたり子どもたちの姿をしっかりと見てあげて欲しいと思います。

保坂さんへ 皆さんへ

オランダでは責任の境界線がはっきりしています

リヒテルズ

先生の笑顔もメッセージ！という保坂さんの視点は、とても大事ですね。日本では、子どもの成長に対して学校が何もかも担わされているような気がします。たとえば不良行為が起きた時には制服を見て「あそこの学校の生徒だからと学校に電話をかけて責任を問うなど。でも、こうしたことが、かえって親も教員も、両方を不幸にしているような気がしています。

「保護者」という言葉が持っている意味、つまり、保護者とは、子どもに関して、どんな権利や義務を負っているのかを、一度再確認した方がよいのかもしれません。

まず、子どもの権利を守り、子どもの立場に立って代わりに声をあげるのが保護者であるということです。モンスターペアレントとよく一口に言いますが、中には子どもの立場に立って要求すべきことをきちんと要求している親もいると思うのです。それを全部モンスターペアレントとひとくくりにして、「うるさい親だ」というのはおかしいと思います。また、学校が、ある子の指導について何らかの特別の方針を決めて実施する時には、保護者の同意と署名がないとできないというのが、オランダでは当然のこととして認められています。

この保護者の署名義務にも表れている通り、子どもの発達の第一義的な責任者は保護者であり、学校ではありません。学校は、教育の専門家でありその責任者ではありますが、子どもの生活指導の面での問題は、保護者が最終責任者であることへの覚悟も必要です。こうした、保護者と学校の責任の範囲がはっきりしているオランダでは、子どもの人権としての発達の権利を守るのは親であることを教職員たちは受け入れていますから、保護者の要望に教員が耳を傾けるのは当然です。でも、生活指導に関わる問題については、教員は「これは私たちのやる仕事ではない」と考えられるので、その分、教員は、教育の専門家としての授業作りに打ち込むことができます。

このように、保護者と教員とが、それぞれの責任の境界線を明確にし、お互いにそれを尊重し合うことで、それぞれの要望の出し方、受け止め方、協働の仕方が見えてくるのではないでしょうか。

先生は話を聞いてくれる大人の代表だった

保坂 小学生の頃、私はホームルームの時間が好きだったんです。

リヒテルズ ちょっと珍しい。

保坂 私のいたクラスでは、話し合う議題を先生ではなくて生徒たちで出し合っていたからなんです。掃除の反省のようなかわり映えしないものではなくて……。

今でも覚えているのが、走りながらボールをぶつけ合う遊びが流行った時に、女子から「校庭が狭いしコンクリートなので危ない」と動議が出て、その遊びを守ろうとする男子と、ホームルームですごい議論になったんですね。結局1時間では終わらなくて、司会進行をしていた私から先生に「もう1時間、話し合いをさせて」とかけあって、ホームルームは1時間延長となりました。

リヒテルズ　小学校の思い出も、保坂さんらしいですね。

保坂　身近な問題だと感じると、あの頃から真剣でした。自分の主張の論拠を示そうとあれこれ工夫したり、そんな経験がたくさんできたことがとても良かったと思います。

リヒテルズ　当時は先生の中にも戦争体験があったからなのか、子どもたちから自発的に出てきた話はできるだけ聞いてあげようという雰囲気があったと思うんですよね。私もそういう先生に何人か出会いました。

保坂　先生は話を聞いてくれる大人の代表という信頼できる環境でした。

リヒテルズ　私が思い出すのは、体育に苦手意識があって跳び箱を跳ぶのを嫌がっていた私に、個別学習のように順を追って少しずつ教えてくれて、6年生までには跳べるようにしてくれた先生がいたことですね。

経済が急激に発展していた時代でしたが、そうした楽観的な雰囲気のためか、学校にもまだのんびりとした雰囲気が残っていて、先生と子どもとの関係、先生と保護者との関係が、今ほど対立的ではなく、ほどほどにお互いに受け入れ合っていたような気がします。

保坂　わかります。子どもながらに先生に本音をぶつけて、時には文句を言いに行く相手でもありましたよね。

リヒテルズ　それからもう一つ、断片的な思い出ですが、中学に入学してすぐに担任だった男の先生が、日教組の運動に熱心だったのですが、ある日「明日は日教組の運動のために学校は休みます」といって、「ぼくの父は終戦になる前に口シア軍の捕虜となってアムール川の向こうに連れて行かれたまま二度と帰ってこなかった。だから日本が二度と戦争を起こさないように闘っているんだ」と生徒に、しんみり話してくれたんですね。

親も教員も、戦争で青春を奪われたり、家族を失ったりしており、戦後の民主化を、多分心から喜び大切に感じていた時代だったのだろうなと思うんです。

保坂 先生も闘っていた時代でしたね。

私の中学校の体験というと、3年生になった時に、中学校で10数人くらいの先生と、1回に何時間も対話を続けていたことですね。授業にはあまり出ずに、対話を続けていました……と、かなり特殊な体験になってしまいますが。

世間の理《ことわり》として、「これでは高校受験はパスできないぞ」「損得を考えて自分の行動を選べ」と言われる。つまり、政治や社会問題に関心を持つのをやめて、「受験勉強に専念せよ」という説教でした。

それに対して私は、「じゃあ先生は今の人生に満足していますか」と問いかける。すると、「ぼくは60年安保でデモにも出たけれど、自分の青春を振り返って、苦い思い出もある。学生運動の経験は自分で整理して、今はこうして君の指導にあたっているよ」と。

リヒテルズ　素晴らしいですね、私には、あまりそういう経験はなかったです。

保坂　何とか説得しようという思いで向き合ってくれていたのだと今ならわかりますね。

生徒も先生も大好きだった「班ノート」

保坂　中学校の頃の楽しかった思い出に、「班ノート」があります。先生は、私が何を書いても批判するのではなく、自分の感想を少しだけ書くというスタイルでした。

班ノートの中身はとても充実していて、読んで楽しかったし、私もすごく考えてたくさん書いていたんです。ノートが回っていくと、そこで先生や友だちが何を言うか、何を書くか、というリアクションが楽しかったのだと思います。

リヒテルズ　「班ノート」！　ありましたね、私もやっていました。中学生というと思春期で色々考え始める頃だから、女の子も男の子もいる班で、世の中で起きたこととか、自分の好きなポップミュージックのこととか、書き始めたら止まらなかった。皆で毎日取り合うように家に持ち帰って、時には、何ページも自分の思いを書き連ねていました。

毎日誰かがカバンに押し込んで持って帰り、班の仲間が書いたことを読み返して自分も書き付けるわけですから、あっという間にボロボロになるんだけど、そんなノートが1年で何冊にもなりました。

私の先生も、そこに数行の感想を入れるだけでしたが、時々、班ノートの中で面白かったものを、クラス皆の前で読み上げてくれたりしたことを覚えています。

保坂　先生があまり指導的になってもいけないし、併走している感じだったかも。実は意外と先生の力も試されるのが「班ノート」だったのかもしれない。

リヒテルズ　そうですね。私がお話しした班ノートの先生は、とても若くて、先生の権威を振り回さないかわりに、クラスの雰囲気が悪くて自分の話を聞いていなかったりすると、プンとして職員室に行ってしまい、戻ってくれるように呼びに行ってもこちらを振り返ってもくれないような先生でした。

だから、先生としてすごい力量があったというわけではないのでしょうが、先生らしいフリをしないあるがままの、生徒にとってはわかりやすい先生でした。その先生が書く感想も率直で、先生も含めて仲間のような気持ちで、何でも書きたいことを書けたような気がします。

保坂　そういう先生じゃないとダメでしょうね。先生が先生としての言葉を書くようなノートだったら、きっと続かないか、すごくつまらないものになってしまったでしょうね。

リヒテルズ　普段の対話にしても班ノートにしても、「先生」はそれなりに年長者としての権威を持っていたにも関わらず、実際には、多くの先生が、今よりもずっと子どもたちに正面から向き合って、一人の人間として扱ってくれていた気がします。

保坂　私の中学校時代にも、今や思い出となるシーンもあったと、私も、改めて当時の先生たちのことを見直すきっかけになりました。

PART 4

考え続ける力

問い続ける習慣
考え続ける習慣

保坂

時代はＳＮＳ一色です。若者にかぎらず大人たちも、好きか嫌いか、快か不快かという単純化された評価、乱暴な結論の中で生きるようになっています。そこにあるものがどんな意味を持つのか、なぜそういう現象が起きているのか、どうしたらいいのかということは、しっかりと咀嚼《そしゃく》して考えてみないと結論は出てこないのですが、時間をかけて掘り下げて考えるところまでいかない。まさに「考えずに感情にゆだねる衝動的言動」という荒っぽい文化が世界的に席巻しています。

こんな時代だからこそ、子どもたちには「考える」ということを幾重にも体験して欲しいと思いますし、それは学校という場が担うべき大きな役割ではないかと思います。

私自身のことを振り返ると、今の自分の基盤になっているのは小学生のころから積み重ねてきた「問い続ける」「考え続ける」という習慣だと感じます。高校を中退して家でひたすら本を読んでいた頃、ノートを広げて自分の中で発生した様々な疑問をノートに書き付け、読んだ本の中にその答えになりそうなものがあるとそれを書き留めたりしていました。簡単には答えられない問題、1対1で自分に向き合い「正解」

が出ない問題を考え続けることは、現代を生きる私たち皆に必要なことだと思います。
そして、「問い続ける」「考え続ける」ためには集中力が必要です。私は物事をとこ
とん深掘りしていくタイプですが、ひたすらに考え続けることができるようになった
のは、チャイムで切り取られ思考を分断させられてしまう授業から早く離れたことが
幸いしたのかもしれません。

子どもたちにはもっと、身体も知能も神経も集中させてぎゅっと濃密な時間を過ご
して欲しいと思います。考え続けて、ある時パッと視野がひらけるような気付きや発
見、達成感につながる。その快感を味わってもらいたい、あっ、こんな世界があった
んだ。昨日までの世界が色あせて見え、自分がひとまわりもふたまわりも大きくなっ
たような感覚を覚える――そういう体験をしてもらいたいと思います。

保坂さんへ 皆さんへ

オランダのイエナプランが大切にする「対話」とは

リヒテルズ

保坂さんは、子どもの頃から対話と問い続けることを続けてきた積み重ねが、今の自分であるとの実感を持っていらっしゃるのですね。私からは、学校の中で友だちと「対話」をし、問い続けることの価値をお話したいと思います。

オランダのイエナプランでは「対話」が大変重視されています。授業の中で、二人組、ないしは、数人で話し合う形式が頻繁《ひんぱん》に取り入れられます。特に、登校後すぐ、午前の授業の締めくくり、午後の授業の締めくくりに行われる15分ほどの時間を使って行われる「サークル対話」は重要です。サークル対話では、クラスの子どもたち全員が、グループリーダーと呼ばれる教員と一緒に車座になって座ります。

このように座ることで、教員も含め全員が平等で対等な関係になり、また、お互いの目を見ながら相手の表情を確かめながら話をすることができます。誰かが発言している時には、全員がその子の言葉に耳を傾けます。また、グループリーダーは決して誰かに無理やり強制して発言させることはありません。なぜなら、発言を強制すると、強制している教員が期待する答えしか言わなくなり、自分から進んで自主的に意見を言う練習ができず、結局、誰も自分の頭で考えることをしなくなってしまうからです。

サークル対話には、仲間と共有したいことを何でも自由に発言できる「自由サークル」、誰かが本を朗読したり皆で読んだ本について感想を述べ合う「読書サークル」、学校や世の中で起きた出来事について意見を交換し合う「時事サークル」、喜びや悲しみを共有する「お祝い・悲しみごとサークル」、何か身近なところにある動植物などをサークルの真ん中に置いてそれについての問いを出し合う「観察サークル」、など、色々な形があります。

また、毎日放課の前に必ず行われる「振り返りサークル」では、クラス全員で「今日はどの子も皆何か学ぶことができたか」「どんなことを改善すればもっと良い学びになるか」「どうすれば皆がこのクラスで快適に過ごすことができるか」と意見を出し合います。

このようにすることで、学校生活をより良くするのは、教員の役割ではなく子どもたち自身の役割であり責任であることを自覚できるようにするのです。まさに、のちに、市民として社会に責任を持つための練習ですね。短時間でも、毎日こうしてサークル対話を続けていると、クラスの子どもたちは、お互いの性格を深く理解し、互いに信頼し合う関係が築かれていきます。いじめや仲間外れになっている子の問題なども、サークルでオープンに出し合うことで、子どもたち自身がクラスのあり方に責任を持つようになっていきます。

考える力の育て方

保坂

何か問題があった時に、右に見えたものと左に隠れていたものをつなげ、その間にはどういう関連があるかを考え、目の前に現れた壁をどうやって乗り越えていくかを考える。それが思考です。

考えたことを言語化して相手に伝え、相手から投げ返された言葉をキャッチして、その意味をまた思考する。対話の深まりによって、思考の結果、集積する認識の集合体が作られていきます。

ところが現在、多くの大人たちは日常の繰り返しに埋もれてしまい、あまり考えることをしていないですね。いや、忙しくて考える時間なんてないという大人も多い。ところが、現代の子どもは大人顔負けに忙しい子も多いのです。そのような状態で、子どもにだけ「考える力」を求めても無理だと思います。

言葉に対する恐れがなく、知らないことへの恥ずかしさを感じない政治家があちこちにいます。勢いだけで発言して周囲をあおりたて、間違ったことも素直に間違ったと認めずに、自分は正しいと言い続けるパーソナリティの政治家は子どもたちにとって、悪い手本です。

激しい言葉で怒りや排斥感情に火をつけ、論理はムチャクチャでも刺激的なことを言う政治的パフォーマンスが世界中で目立っています。理性と知性で相互に認め合うこと。それはヨーロッパやアメリカのリベラル派が目指そうとしてきたことであり、日本でもしかりですが、今、バランスがとれた政治的思考は、世界中で危うくなっています。

あちこちで感情まかせの排斥主義がまかり通るようになっています。そういう時代だからこそ、論理的に考えることの大切さや、相手の主張を聞いて自分の説を途中で修正することができる謙虚な姿勢をとることの価値に気付かなければいけません。

ＳＮＳで日常の瞬間を切り取って見せるのは楽しい。それはそれでいいと思います。ただ、価値に関わること、人の存在や尊厳に関わることについて発信する場合に思考の集積をきちんと作っていく姿勢を、大人が見せていかなければいけないと思います。

自分の意見を持ちつつ、友だちの意見を聞いて気付かされることがあったら、それを認めて自分の意見を修正していく。これが知恵を作るやり方であり、賢さです。「考える力」とは、そんなやり方を身に付けることだと思います。

保坂さんへ 皆さんへ

「考える力」とは、どんな力？

リヒテルズ

保坂さんの「考えることを子どもだけに求めても無理」には、大人の誰もがうなづくことと思います。リアルな世界では、あらゆる出来事が網の目のようにつながり合い、結び目の一つが変わると他の結び目も影響を受けて変わっていきます。そんな中では、様々な問題が生じ、様々な問いが頭に浮かびます。

すると、問いの中には、すぐに答えが出ないものがたくさんあることに気付くでしょう。リアルな世界で生きる力を身に付けるには、ずっと探求し考え続けることができる環境も必要だし、答えがわかるまで待つことができる環境も、大切になってくると思います。

オリジナルな考えを持つことや、様々な意見を咀嚼して理解すること、また「考える力」とは具体的にどんなことであるのかが、オランダでは、日本の学習指導要領に当たる小学校の「中核目標」や、中等学校（中高一貫）の修了資格試験の合格要件の中に盛り込まれています。

特に歴史はその典型的な例の一つです。違う時点に起きた二つの出来事を関連付けて説明できるか、調べ学習で集めた資料の信憑性《しんぴょうせい》をどう判断しているのか、といったことです。

日本の歴史の試験では、年号や出来事の暗記になりがちですが、オランダの歴史授業では、右のようなスキルを身に付けさせなければならないので、生徒が実際に考えたり意見交換しなければなりません。

こうした授業は、歴史だけではなく、総合的な学習でも行われるもので、オランダの総合学習「ワールドオリエンテーション」は、小学校に入学したばかりの4歳の時から、自分で事物に問いかけ、その答え探しのために探求学習をし、結果をクラスメートに発表して意見をもらい、議論をするなど、皆が、それぞれ自分なりの意見を形成する練習が行われます。

また、高校生、特に進学コースの高校生、つまり、将来大学を出て、社会の指導者になっていくような高校生だと、さらに徹底して議論力、報告書の作成力、原資料を求めてインタビューしたり調査する力、クラスメートと共同で役割分担をしながらプ

料金受取人払郵便

郵便はがき

101-8791

神田局承認

4603

518

差出有効期間
2020年7月
10日まで

(受取人)
東京都千代田区内神田1-12-13
第一内神田ビル2階 (株) ほんの木

子どもの学び大革命 読者係

切手は不要です

フリガナ		よろしければ以下もご記入下さい
あなた様のお名前		
ご住所	〒 都道府県 市区郡	
Tel	( )	ご職業
Fax	( )	お年 歳
Eメール(PC):	@	
Eメール(携帯):	@	

読者ハガキをご返信頂いた方、全員にプレゼント!

免疫力、自然治癒力が高まる。 ほんの木 オリジナル

無農薬栽培の漢方生薬100%

漢方生薬&野草ブレンド入浴剤

あったか美人 厚生労働省認可・医薬部外品

お友達をご紹介下さい。「あったか美人」とこの本の資料他をお送りします。

お友達のお名前　Tel ( )

ご住所

小社自然雑貨カタログを同封させて頂きます。　ぜひ、裏面アンケートをご記入下

ご記入をお願い致します。

①お買いあげの場所はどちらですか？　（書店名や、ご購入先）

[　　　　　　　　　　　　　　　　　　　　　　　　　　　　]

②本書について□内に10点満点でご採点ください。

書名□　表紙デザイン□　読みやすさ□

内容□　わかりやすさ□　役立ち度□

③本書をご購入されたきっかけは何ですか？

□著者の紹介　□知り合いにすすめられて

□書店で見て　□ほんの木のDMチラシ　□講演会・ワークショップで

□紹介記事を見て［掲載紙　　　　　　　　　　　　］

□配布チラシで　□生協や共同購入で［　　　　　　　　］

□インターネットで　□その他［　　　　　　　　　　］

④本書のご感想をお書き下さい。

著者の講演会に参加してみたい方、資料をご希望の方は下記に印をお付け下さい。

□講演会に参加希望　□講演会を主催したい　□資料を希望

本書をより多くの方に広げるため、チラシ等の配布にご協力いただけませんか？

・チラシ［　　　］枚ぐらい

ほんの木　書籍ご注文書

	冊	定価　円
	冊	定価　円

支払いは、レターパック等でのお届けは郵便局の後払い、冊数が多い宅配便でのお届代引きでお願い致します。●このハガキに書ききれない場合は、お手数ですがTEL又FAXにてご注文をお願い致します。TEL 03-3291-3011　FAX 03-3291-3030

ご協力、ご注文ありがとうございました。

ロジェクトに取り組む能力などが、卒業資格を取るための必須要件として学校で評価されます。

これからの時代、つまり、グローバル化によって、人も物も複雑に絡み合ってお互いに影響し合う時代にあっては、知識やスキルの量が問題なのではなく、こうした複雑な事象の関係性を探求したり、様々な変数に影響を及ぼすにはどうしたらいいのか、と考える力を育てることが大事なのではないでしょうか。

そういう思考ができる人間を育てることが、「考える力」を育てるということだと思います。

子どもの時間は子どものもの

エンデの名作
「モモ」
時間貯蓄銀行
が現実に・・・

保坂

20年くらい前に「キレる子ども」が社会問題になった時、テレビの深夜討論番組で「子どもをもっと遊ばせよう」と言ったところ、司会者から「何とぼけたこと言っているんだ」と強く発言を封じられたことが思い出されます。当時、朝起きてから1日のスケジュールがすべて決まっている、塾やおけいこ事で1週間のスケジュールがすべて決まっている、という生活をしている子どもたちがもう特別ではなかったのです。そして今、そんな環境で育ってきた世代が、親になり教員になっています。

私は親たちにむけた話の中で、ミヒャエル・エンデの「モモ」に出てくる灰色の男たちの〝時間貯蓄銀行〟を引用します。読まれた方も多いでしょう。貯蓄と称して時間泥棒を重ねる物語は本当によく作られたイメージで、「子どもの時間は子どものもの」「貯蓄することも奪うこともできない」と伝える優れた比喩になっています。

ただ、比喩ではなく現実に同じことがこの日本で90年代の前半に起きたのです。当時、大ブームとなった早期教育をめぐり教育産業が「二歳から本を読ませなさい」「三歳からでは遅すぎる」とアピールしたのです。私はこの本をきっかけに教育ジャーナリストとして早期教育の現場をつぶさに取材して『危ない公文式早期教育』(太郎次郎社／１９９４年刊）を書きました。お母さんたちからの感想カードには、「うちの娘は三歳で、まったく鉛筆を持ちません。学業に不向きとあきらめていたところ、本書に出会いました」「ストップウォッチを持って子どもに勉強をさせてしまっていました」といった痛切な言葉が並んでいました。90年代の前半のお母さんたちです。

子ども産業、特に早期教育産業は〝時間貯蓄銀行〟と同じだな、と私は感じています。小さいお子さんは、勉強をやらせればどんどん頭の中に入るので、集中的にやっていると、たしかに大人顔負けの天才少年少女かと見えるような子も出てきます。

ここで、忘れないで欲しいのは、早期教育と引きかえに子どもとして過ごす時間を奪われてしまったということです。硬いものにぶつかって痛いと感じる生活体験や、おもちゃの奪い合いになって泣いた泣かせた…の関係性などを素通りして、教材と鉛筆とストップウォッチでは、失われていくものはどれほど多いことでしょう。

時間貯蓄銀行は都合よく親をだます虚構のイメージです。子どもに自由時間を返してあげることが、健全な子どもの成長のためにいちばん大切なことだと思います。大人は「せっかく時間があっても子どもは何もしないから」と言いがちですが、何もしない自由もあっていいし、何もしないで一時間過ぎてしまった、退屈して仕方がなかったという時間や経験も子どもたちには必要なのです。

今、日本の子どもたちがいちばん体を動かして遊ぶことができる空間は学校です。放課後を含めて「学校」という空間が、唯一子どもがプログラム以外の自由遊びを楽しむことができる場所になっています。その中で、自由に選択してとても楽しく過ごしたという日々を積み上げていくことで、安定した心理的な基盤ができると思います。おどおどしていたり、イライラしていたり、不全感があったりする子どもがいたとしても、エネルギーを外に出して遊ぶことで、嫌なことも、いじめの複雑ないきさつも、その楽しさの中で昇華して飛んでいくのです。

いじめについては長いこと関わってきましたが、「いじめ撲滅」という言葉は、本質をとらえていない大人の側からのスローガンだと思っています。いじめは表面を強く叩けば散っていきます。がん細胞と同じで散ってしまうとまた他者を攻撃します。いじめがなくなるとすれば、ただ一つ楽しさの中で「溶解」するということです。楽しさという人間的な温度の中で恐怖やおびえや不安が、友情という形に変わっていく。そしてその遊びの中で「ああ、思い出してみれば、最初はいじめられていたね」という形で溶けていく。そういう形でしか解決しないと思っています。

保坂さんへ 皆さんへ

知識を覚えるだけなんて、なんともったいない

リヒテルズ 「モモ」からの引用のお話には、私も身を乗り出してお聞きしました。子どもの時間を奪わない、子どもにもっと遊びを。今、大人たちがしっかり共通認識として持ちたいことです。

遊びが持っている教育的な意義については、色々な教育学者が論じていますが、特に、これを、学校の時間割の中に組み込んだという意味で、イエナプラン教育を創始したペーターセンはとても斬新であったと思います。ペーターセンは、学校での毎日の日課を、科目ごとの時間割ではなく、対話・仕事・遊び・催しの４つの活動を循環させて構成しています。

実際、これら４つの活動は、大人にとってもどれ一つとして欠かせないもので、遊びやゆとりは、人が本当に本音で関わり合う上でとても大事な時間なのです。特に社会性や情緒は、子ども同士が直接に関わり合う遊びの時間に発達していくものです。

日本の学校では、教科での勉強は一応「教え」「学ぶ」ものだと考えられていますが、社会性や情緒に関わる「生活態度」は、学校が教えるものではなく、学校に入学してくる前に、すでに親が教えていてできていなければならないものだ、と考える傾向が強いように感じます。

でも、ルールを守るとか、落ち着いて話が聞けるとか、相手のことを尊重するとか、机に静かに座っているなどといったことも、子どもたちは発達の途上にあるのであって、学校でも、失敗をしながら徐々に学んでいかなければならない能力なのです。いじめも同じで、人間の成長過程でいじめは必ず起きます。

自分が目立ちたい、それを他の子どもに見せつけて自分の強さを確認したいというような、自己顕示欲求が出てくる10歳から12歳ぐらいが、いじめのピークだと言われています。サルのような動物と同じ行動を、理性によって抑えることができるのが人間の成熟です。初めからできている方が珍しいはずです。

このように見方を変えれば、いじめや不登校や学級崩壊といった「問題」は、「問題」ではなくなり、学校の教員が、教育者として専門的に取り組まなければならない、ごく当たり前の普通の課題であることが見えてくるのではないでしょうか。

いじめを含み、広い意味での社会性の発達、すなわち、社会の中で、自分の怒りや嫉妬やおごりなどを理性で抑えながら生きていく方法を学ばせるには、まさに「社会」が必要です。

教員の管理ではなく、子ども同士が直接に触れ合う社会です。そして、そこで起きたことを経験ある、人として成熟した大人である教員と共に、皆で振り返り、全員が「快適」「安心」だと感じられるために、自分たちは、一人ひとりどう考え、どう行動しなければならないのだろうか、と話し合う時間が必要なのです。

その意味で、学校は、子どもたちが、同年齢層の子どもたちから成る「生きた」社会の中で、社会性を学ぶことのできる数少ない場所なのです。そんな大切な場が、単に、受験勉強のためだけ、教科学習で繰り返し知識を覚えることだけに使われているのは、なんともったいないことなのでしょうか。

子どもの「質問力」を伸ばそう

保坂

教育や学びに関して、親が私に与えてくれたものは？　と振り返ってみると、思いいたるのは、質問することがとても多い子どもだったということです。

「なぜ月は丸いの？」「なぜ夜と昼はあるの？」から始まって、天体や宇宙、自然に関する質問が多かったのですが、「印刷はいつ始まったの？」など、その時々に思いついたことをなんでも父に質問していました。父と一緒にお風呂に入ると、父が「何か質問はないの？」とよく聞いてくれたものです。私は、うーんと考えこんで、その場でとっさに思いついたことや、無理やり考えた質問などを口にしていました。やがて、疑問に感じたことを忘れないようにストックしておくようになりました。

父に感謝しているのは、どんなことを質問しても、その場で答えてくれるか、わからないことは数日後には調べてきてくれて、後からでも必ず教えてくれたことです。「全国子ども電話相談室」というラジオ番組がありましたが（２００８年まで44年余続いたラジオ番組、ＴＢＳラジオ系列）、まさに「親子の相談室」という感じでした。父は文科系の人間だったので、自然科学系はあまり得意ではなかったはずですが、調べて、こういうことだよと答えてくれました。何を聞いても「うるさい」と言われたことはなかったです。

そんな父の子どもに対する接し方は、私に大きな影響を与えたと思います。不思議に思ったことには回答があり、素朴な質問で未知の扉を叩くと、やがて開いてくれるというこの世界への信頼感が育ちました。父は子どもに対して惜しみなく、それだけの時間を使ってくれたということです。

そして父からは、「きみ」と呼ばれ続けて「おまえ」と言われたことは一度もありませんでした。日常会話の中で「きみはどうしたいのか」といつも聞かれていました。体はまだ小さくても、子どもの中に人格を認めて、「何を選びたいのか」と繰り返し問われていたような気がします。それに対して私は、「ぼくは、こうしたい」と意思表示をする。今振り返ると、「自分で考え、自分の意思を伝え、自分で行動する」というトレーニングになっていたと思います。

小学校の頃の父の記憶があったので、私も父親になった時に子どもに対して父のように「君はどうしたいんだ」とは問いかけました。ただ、調べてきてあげるという対応まではできませんでした。忙しい毎日の中で父と同じことができなかったことが後悔されます。

保坂さんへ 皆さんへ

幸福度の高いオランダの子どもたち

リヒテルルズ

「きみはどうしたいのか」というお父様の問いかけが、今も保坂さんの中に響き続けていることを感じました。大人が生活を楽しみ、子どもとの時間を過ごし、幸せそうにしていること。それを見て子どもは安心し、大人を信じ、社会を信じ、未来を信じて、成長したい、大人になりたいと思えるのだと思います。いいお話をありがとうございます。

私も、両親とはとてもよく話しながら育ってきた方だと思います。父には、時間がある時に長い散歩をしながらよく色々なことを教えてもらいましたし、母とは、親子というよりも、対等な関係で、人生で出会う様々なことについて話しました。両親共に、何か起きたらいつも話し相手になってもらえるという安心感がありました。同世代の友人たちに比べて、親子の対話が多かったように思いますし、そうした対話が今も私の中で響き続けているのは、保坂さんと同じかもしれません。

オランダの子どもたちは、幸福度（ウェルビーイング）が高いことで有名ですが、前にも触れた通り、「父親となんでも話せる」「母親となんでも話せる」と答えている子どもの比率が、他の国に比べてとても高いのが目立っています。その意味で、子どもたちの幸福感を高めている要因は、学校にも確かにありますが、それ以上に、家庭生活の豊かさがもっと大きな要因であると思っています。

かつて、拙著『残業ゼロ授業料ゼロで豊かな国オランダ』の中で、「日本人は、働くために生きていて、オランダ人は、生きるために働いている」と書いたことがありますが、日本人の平均労働時間はオランダ人の1・5倍に及んでいます。ちなみに、時間当たりの生産効率は、オランダ人が日本人の1・5倍なので、同じ結果を出すために、日本人は長く働き、その分家庭生活を犠牲にしているということなのです。また、パートタイムの仕事も正規就業として認められ、税金を納める代わりに様々な社会保障も受けられるので、大半のオランダの親たちは、週に3、4日しか働いていません。「働き方改革」、特に、パートタイム就業（非正規雇用）の正規雇用化と、貧困解消のための生活保障とは、子どもたちの豊かな育ちを保障するためにもぜひ実現して欲しい課題です。

外遊びの世田谷モデル

私たちが子どもの頃、当たり前にやっていた外遊びは、今は絶滅危惧種になっています。今の子どもたちも体は動かしているのですが、それはサッカーチームや野球チームなどで行われるスポーツの練習や試合が主流で、決められたルールで行動し、技術を磨くために練習をするひとときであり、子どもたちの集団が自主的に何かを決め何かをつかんでいく世界にはなっていません。

かつて空き地で行われていた草野球では、メンバーに合わせたハンディを設けたり、異年齢の子どもがいればその子だけに通用する特別ルールが決められたりしていました。「アウトだ」「いやセーフだ」と子ども同士の小競り合いが生まれるのが日常で、激しい対立や口ゲンカを収めていくのもやはり子どもたちでした。

でも今は、微妙なボーダーライン上のプレイがあると、子どもたちは一斉に指導者のほうを向きます。身体能力は発達しますが、子どもの自主的な自治世界は存在しません。

現在、世田谷区で進めている「外遊びプロジェクト」は、世田谷区内4か所の「プレーパーク」を中心とした外遊びの場で、子どもたちの身体性を取り戻そうとする試みです。

プレーパークは世田谷区から始まって全国へと広がり、現在各地に400か所余に広がりました。ここに共通しているのは、木登りをしたり、ターザンロープで木々を渡ったり、大きなすべり台でダイナミックに滑ったり、ツリーハウス作りや、たき火でパンを焼いたり……、「冒険遊び場」と名乗っているだけあって、とにかく体を思い切り使って遊ぶことができる場所になっています。地元住民も協力して運営にあたり、子どもの自由な遊びを最大限に尊重しています。もちろんケガをすることはありますが、今日まで後遺症が残るような大きな事故なく続いています。

このように存分に遊べる環境が用意されていると、そこで携帯端末をいじったりスマホゲームをやったりする子どもはほとんどいません。自分たちで様々な遊具を作り、遊びを拡張していきます。絶滅の危機に瀕していた外遊びが、こうして復活するのです。

遊びの中で解放感や全能感といったカタルシスを味わい、ちょっとしたトラブル勃発でけんかをしては仲直りをし、ハイテンションで遊び尽くし、くたくたに疲れて「じゃあまたね」と別れる。それこそが楽しくたくましい子ども時代だと思います。

保坂さんへ 皆さんへ

自由遊びで育まれるものは豊かです

リヒテルズ 「プレーパーク」は〝外遊びの世田谷モデル〟ですね。行政と地域が一体となって作り上げてきて、今、親子三代にわたって遊び継がれているのも素晴らしいと思います。

自由遊びは、子どもの成長にとって欠かせないものです。なぜなら、そこでこそ、子どもたちは、大人の介在なく、自分で判断したり、遊び仲間との人間関係を築いたり、そこで起きる対立を自分の力で解決したりしなければならなくなるからです。

社会性・リーダーシップ・共同・創造性などは、皆、自由遊びの時間の中で育まれるのではないでしょうか。

オランダという国は、河口のデルタ地域を干拓して人工的に作った国土が大半の国で、山もなく自然環境にはあまり恵まれていません。そのせいか、子どもたちを自然に触れさせたいという意識が強く、夏と冬には長い休暇をとって、自然環境に恵まれた土地にバケーションに行きますし、最近の学校には、校庭にも、できるだけ植林したり水場を作ったり、校庭の地面を、あえて山道のようにデコボコした段差のあるものにする傾向が見られます。

日本から来られた方は、ほとんど例外なく「こんなところだと子どもたちが転んで怪我をしませんか、親が苦情を言ってきませんか」と言われます。しかし、子どもの成長に小さな怪我や失敗はつきものです。

大怪我や命に関わる事件を起こさせない注意や配慮が必要なことは言うまでもありませんが、小さな怪我や失敗は、むしろ、子どもたちの自立心を育てます。子どもたち同士の間に他を思いやる気持ちや共感などを育てるきっかけにもなります。

PART 5

子どもが主役

子ども時代に大切な数値化できない能力

保坂 子どもは本来、多様な個性を持っていて、一人ひとりがまったく違います。それは親がいちばんわかっていることだと思います。

この社会がどんなに学歴社会であっても、どんなに同質性を好む社会であっても、一人ひとりの個性を完全にかき消してしまうわけではありません。ところが、子どもに対する社会全体の見方や価値観が一面的で、画一的な評価をしてしまいがちです。

子どもの一部分しか見ようとしないし、評価しようとしないから、結果、個性が見えなくなってしまうのではないでしょうか。そして子どもたちも、そういう評価に合わせるように、正解が一つだけのペーパーテストに対応できるような知識の習得に一生懸命になってしまうのです。

子どもが成長していく中で、本当に大切なのは、数値化できない能力です。友だちとの人間関係の作り方。自分と相手との違いを理解し、サポートし合いながら紡いでいくチーム力。課題をとらえて分析し、社会に投げ返す表現力。わからないことをわからないなりに手がかりを探って考え続けていく探求心。

子どもはどんな場面でこうした力を育んでいくのでしょうか。それは、やはり「遊び」の中にあると思います。毎日のスケジュールがびっしりと決まっているような生活ではなく、「今日は何をしようか」「誰と遊ぼうか」「〇〇公園に行ったら誰かいるかな」と、自分で計画をして自分で行動を決めていく。そこからすでにその子の個性が活かされていきます。友だちとアイデアを出し合いながら、既存の遊具や遊びにさらにアレンジを加えて新しい遊びを作り出していくこと。子ども同士のいざこざを、子どもたちの力で解決していくこと。一人ひとりの個性は、周りの友だちとの関係性の中で引き出されていき、それをお互いが認め合うことで、お互いに活かし合うようになるのだと思います。子どもには自由時間が必要なんです。

親は、子どもが自分で模索しながら何かを決めて行動していく過程を、面白がって見守ってあげて欲しい。そして、テストの点数を見るだけでなく、中身を見てあげて欲しい。正解だけをほめるのではなくて、間違えた問題に対しても、どうしてそう考えたか、どうやって解こうとしたかを聞いてあげると、そこに思いもよらない子どもなりの発想や考え方が展開されていたりします。

保坂さんへ　皆さんへ

自分らしい学び方で成長すればよいのです

リヒテルズ

子どもの個性を誰よりも知っているのは親です、という保坂さんの言葉に同感です。しかし、親は、時として、子どもの性格を早くから決めつけて、大切な個性を見逃してしまうこともあります。

子どもは、生まれながらに様々な潜在的な能力を持っています。決して、すべての子どもが初めは白紙の状態ではありません。育児や教育は、こうした潜在的な能力を、どれだけ余すところなく最大限に引き出すことができるかにかかっています。

育児の仕方、教育の仕方によって、せっかく持って生まれた才能が、引き出されることなく無駄になっていることが、頻繁《ひんぱん》に起きていると思います。とりわけ、子どもの脳は、10歳ぐらいまでの間は大変柔軟ですが、それ以降は柔軟性を失ってしまうことが知られています。

つまり、10歳ぐらいまでの間に、ただ知識だけを暗記し、規律で管理された教育を受けていると、他の才能が眠ったまま二度と引き出せられなくなってしまうのです。

だからこそ、親や教員は、子どもを観察しなければいけない。種子から芽が出たばかりの植物を観察しながら、もう少し日当たりのいいところに出してやろうかとか、水をやりすぎないようにしたほうがいいのかなとか、土を入れ替えてやろうかなどと考えるのと同じです。種子には自分で育つ力がありますが、成育後の姿を知ることはできません。

立派に育つまでには、手をかけてやらなければならない植物もあるし、放っておいて遠くから様子を見ていたほうが良い植物もある。子どもたちも同じです。育ち方には違いがあり、それが個性なのです。教え育むとは、一人ひとりの子どもが必要としているもの（ニーズ）を見つけ、それに応えることなのです。

オランダの教育で大切にされているのは、まさに子どもに対するこういう見方なのです。個々の子どもが、自分で教材や学び方を選べるゆとりが大きいのもそのためです。このように、子どもたちが自分で選んで学ぶゆとりを設けることによって、子どもたちは自分らしい学び方に意味を感じられるようになります。

また、その学びによって自分の成長を自覚できた時、「学びの主人公」としての達成感を味わえます。

すべての子どもが、学力面においても社会性の面においても、生まれつきの才能を見逃されることなく、また、個性や家庭の事情によって特別に必要としているニーズが何であるかを見逃されることなく見守られ育まれること。

それこそが、まさに、子どもが「安心して安全に」育つことのできる環境であるのです。そして、そのために、教員と保護者は、最大限の努力をして協力しなければならないことは言うまでもありません。

AI時代に必要な教育

保坂　ＡＩの発達で今ある職業の７割は不要になる、と色々な場で言われるようになりました。子育て中の親、子どもたち、進路やキャリアを考える世代も、不安を抱かされていますよね。でも、現状を見れば日本は大変な人手不足です。ＡＩの発達によって人間が手がけてきた仕事がなくなる速度に対して、もう一方は大変なスピードで、高齢化社会で寿命が延び、子育てがどんどん社会化されています。こうした時代に、対人間のコミュニケーションがしっかり取れるだけでも、多くの分野から人材が求められています。仕事がなくなるだけでなくチャンスもまた広がるというプラスの面も考え、教育では何を育んでいかなければならないのか、と考える必要があると思います。

今小学校に入学する子どもたちが大学を卒業するのは15〜20年後で、その子どもたちは、たぶんその後さらに50〜70年ぐらい先まで生きていくのでしょうから、想像できないような生活環境になっていることは間違いありません。

そこから生み出される新しい仕事だってきっとあるはずです。社会の仕組みが変われば求められる仕事の内容も変わるし、そこから生まれる新しい雇用はまだまだ考えられると思います。

保坂さんへ 皆さんへ

社会の仕組みが変われば求められる教育も変わってきます

リヒテルズ

そうですよね。まだしばらくは時間がかかるでしょうが、ＡＩが仮にすべての人間の仕事を肩代わりしたとして、その時、人間は、賃金のためではなく家庭や近隣の人々、また、地球規模の問題を解決するためにお互いに助け合う仕事をしているのかもしれません。平和を創ることや貧困問題を解決する仕組みはまだまだ未熟です。賃金労働だけが仕事ではないですし、子どもを育てること、障害や病気のために一人では生きられない人の力になることなどは、私たち人間が、心を持っているからこそできる仕事なのではないでしょうか。

さて、ここでも興味深いのですが、これまでの学校がいちばん力を入れてきたのは「読み・書き・ソロバン」といった基礎能力と知識の吸収です。でも、実を言うと、ＡＩが得意なのはこうした力なのです。その意味でもこれからの教育が目指す方向は、ＡＩがまだまだ不得意な分野、社会性や情緒の発達、協働する力や新しいものを生み出す力であることは自明です。そのために私は、次の5つの力を身に付ける教育が大切なのではないかと考えています。

❶コミュニケーション（Communication）能力：他者の言葉にしっかり耳を傾け、その場で自分の考えを伝える力。

❷シチズンシップ（Citizenship）能力：他者を受け入れ、その権利を尊重し、自らも社会に参加していく力。

❸クリエイティビティ（Creativity）：独創的なアイデアを生み出す力。

❹コーポレーション（Cooperation）能力：自分と他者の得意・不得意を認め、協働で何かを生み出す意欲や力。

❺クリティカルシンキング（Critical Thinking）：他人の考えや外からの情報を鵜呑みにせず、一旦、自分の頭で考え確かめる力。

5つのCは、生きる力です。学校教育に関わる大人たちは表面的な手法だけを真似ようとするのでなく、教育とは何かという本質からしっかりと問題点を洗い出し、子どもたちの発達や人間形成に、責任を持って向き合っていく必要があると思います。

子どもが主役の学校を作ろう

保坂

学校教育の様々な課題に対して、首長が教育委員や関係者を集めて主催する「総合教育会議」が２０１５年から全国で始まっています。

世田谷区では、これまで私や教育委員がテーマ別に意見を述べ合うパネルシンポジウムを、総合教育会議として行ってきましたが、これだけでは一方通行です。そこで、教育委員会主催の教育推進会議とセットでワークショップ形式で保護者や教員の意見も聞き、そこから出てきた意見を教育委員会に持ち帰って、次の課題にするという循環を作り出します。この会議と議論のスタイルを、徹底的にボトムアップの機会として位置付けたいと考えて取り組んでいます。

総合教育会議では、基調講演として幼児教育の課題を、教育学者の汐見稔幸氏や文部科学省の審議官にも話してもらってきました。講演の中で「学びとは何か」という本質論が語られたのですが、汐見氏も審議官も異口同音に述べたのが、これからの時代に必要とされるのは、創造性と意欲、協調性、社会性、忍耐力、共感力などの「非認知能力」であるということでした。世界的に注目されている教育の基本となるエビデンスであり、学力観の転換につながる話です。

実は、二人の話は共に、奇しくも私が30年前に語り、主張してきた教育改革への視点とほぼ同じでした。当時は、メディアや教育の世界から相手にもされませんでした。「受験はそんなに甘いものではない」「勉強にすべてをかけ、すべてを費やしてもたかが3年。受験に成功してからやりたいことをやればいい」……と、努力と根性で鍛練せよとの伝統力な感性のもとに明治以来の伝統を受けつぐ習慣の力が、まだまだ不動の位置にあったのです。しかし、今や、日本の教育の行き詰まりに文部科学省も気付いています。これまで常識とされてきた学校教育での成功物語が、そのまま通用するとは、もはや誰も思っていないのです。

これからの学校は、一人ひとりの子どもたちが、自分の人生は誰かから与えられるものではなくて、切り拓くものだという自覚を持てるように、成長していく場にしなければいけません。

学校教育に対する問いかけと対話を、保護者や教育委員会や学校の管理職や教員やPTAや様々な形で子どもに関わっている地域の大人たちが皆で重ねていき、ボトムアップで子どもを支えるビジョンを作っていく。それが、学校を変えていく力としてしっかりバックアップされる社会を作っていきたいと思っています。

保坂さんへ 皆さんへ

「徹底的にボトムアップ」で行きましょう！

リヒテルズ

保坂さんの「教育改革を、徹底的にボトムアップで！」宣言に、全く共感します。私がオランダの教育の話やイエナプランの話をすると、とても共鳴してくださる方が多いのですが、「でも日本ではとても無理ですよね」というため息と共に、「日本では何から手をつけたらいいかわからない」という嘆きも聞かれるからです。

私自身、何度も色々なところで言って来たのですが、外国で成功した方法や教材をそのまま取り入れても意味がないし、無理であると思っています。大切なのは、そういう方法や教材ができてきた背景には何があるのだろう、というプロセスについて考え、では、その意義を共有するには、日本の今の状況では何をすべきか、と考えることが大切だと思っています。実際、これまで、あまりにも、方法や教材という結果だけを模倣することが多すぎ、そこで教えている教員や保護者たち自身が、教育のビジョンに参加することがなさすぎたのではないでしょうか。

新しいものを生み出していくためには、関係者、特に受益者や現場で働く人たちの意見をすくいあげながら一緒に作り出していくことが大切です。そういうプロセスを踏むことで、受益者である子どもの親や現場の教員が、自らの意見が反映された決定に責任を持つようになり、それが、制度や方法の持続可能性につながるのです。行政は、そのための場作りに徹するべきで、いま保坂さんが説明されたプロセスは、大変意義のあることだと思います。

「本当はこれでいいとは思っていないけれど、今の学校がこうなのだから、それに合わせないと子どもが不幸になる」と、とりあえず周囲の状況に適応できる子どもであって欲しいと親が思う気持ちもわからなくありません。でも、たとえば発達障害のある子どものお母さんが一人で戦っているのを、自分の子どもには関係ないからと、ただ傍観するだけでは、学校は良いものにはなっていかない。

そういう子どもが苦しまなければならない学校は、実は、他のどの子どもにとっても居心地の良くない場所であるはずなのです。保護者も教員も、立場にとらわれることなく、まず、自由意志を持つ市民として社会全体の幸福のために声を上げること。声を上げられる場が保証されていることそのものが、子どもたちに「民主的な市民社会の真の姿」を教える最も有効な手段であると思います。

今は良くても、もしも自分の子どもが事故で障害を負うことになったらどうするか。もし今の学校のやり方に不適合を起こして不登校になったらどうするか。保護者が現実に学校で起きている問題に対して、自分のこととして当事者意識を持ち、教員チームと協力して、学校をより快適な共同体にしていく努力をすることで、学校は変わっていきます。

もちろん、そうした保護者の関与を奨励し、保護者だからといって遠慮をするのではなく、お互いに忌憚なく話ができる関係作りを学校が作っていくことも大切です。そのためには、教員と保護者も、共に喜怒哀楽を共有し、共に遊び笑い楽しむことが必要です。

日本の学校を巡る議論は確かに動いてきています。学校という学びの場において、誰よりも子どもが主役であり、学校の第一義的な目的は、すべての子どもの人間としての発達を保障することであるという原則に基づいて、大人たちが、それぞれの役割を自覚して、協働し、信頼することを学んで欲しいですね。学校管理職や教育委員会はそれをしっかりサポートする存在であって欲しいです。

先生にも授業の支援

保坂

私がオランダでリヒテルズさんから見せていただいた視察日程の中で、最も印象に残ったことで、かつ大きな成果は「教育支援センター」です。豊富な教材があり、しかも教育支援センターにいる教育学者やベテラン教員が、一つひとつの教材を把握して、同じような教材との差異も認識したうえで、現場の教員の様々な試行錯誤を受け止めて、もっとも適した教材をアドバイスしていました。学校でも教員が授業を構築していくわけですが、その時に一人ですべてを考えるのではなく、「教育支援センター」という存在が教員の主たるところをきちんと支え、使い勝手のいい教材を、目的に応じて選ぶことができるという形で細部までフォローする。それはとても優れた方向だと思います。

「世の中で起きていることを知り、課題を把握する学びを提供する」、これを全部一人でやるのは、今日のように多様化し複雑化した社会では到底無理です。現在、90万都市の区役所という組織を運営する区長として人々の暮らしに向き合い、かつて国会議員をつとめた経験からも、私自身が痛感していることです。

たとえば、国会で、これまで全く知らなかった専門外の法律があって、三日後に質問しなければいけないという時に、どう勉強して、核心をつく有意義な質問を作り上げるかということを、ずっと考え試行錯誤をしてきました。

少し脇道にそれますが、国会で、ある金融事件を取り上げるとします。まず、この事件を生んだ制度や、歴史の土台となる知識が必要になります。ここは、国立国会図書館の立法支援チームの力を借りました。大急ぎで最新の議論の到達点を教えてもらい、専門家と連絡を取り、直接、あるいは電話で事件の背景、制度的問題点を把握していきます。

こうしてようやく「質問」が準備できるようになります。多方面のサポートを受けてこそ、11年間で546回の国会質問ができたのです。こうした専門的なサポートなしには、一人では不可能でした。

教員が直面する課題に対して、うまくいっている時もそうでない時も、専門家の助言を交えた教育のバックアップ機能を使えること。チームとして、問題の起きている学校に入り支えること。世田谷区でも、こうした現場の教育を支援するセンターの開設を準備しています。

保坂さんへ 皆さんへ

個々の子どもに合わせた教育

リヒテルズ

保坂さんが、日本でも急ぎ整備をと訴え進めておられる「教育のバックアップ機能」について、その軸となる教育の考え方についてお話をしたいと思います。

最近ヨーロッパやアメリカでは、「どの子にも平等な教育（発達の機会）を与えたいのならば、すべての子どもに不平等な教育をせよ」という言い方が、合言葉のようによく聞かれます。

「不平等な教育が平等」とは、やや逆説的な表現なので、すぐには理解していただけないかもしれません。実は、このことは、子どもの発達をどう評価するかに関わっているのです。

つまり、子どもたちの発達を、常に、同年齢の他の子どもたちとの比較で見るのか、それとも、一人ひとりの子どもについて、前にできていたことと今できるようになったこととを比較して「発達」と見るのか、ということです。

画一的な一斉授業は、前者の立場から行われるものです。皆に「平等に」「同じ方法で」「同じこと」を教えているのだから、ついてこれないのは本人の責任だ、発達の遅れだと断定してしまう。これに対して、後者は、子どもは一人ひとり生来の性質や能力も家庭環境も異なるのだから、その違いに合わせて、つまり「不平等に」対応しなければ、同じ知識やスキルを身に付けることはできない、という考え方です。

本来「教育」という営みは、こうして、個々の子どもに合わせたやり方を考えて一人ひとり、確実に発達することを保障するためのものではなかったのでしょうか。ただ、一方的に「伝えるだけのことは伝えたのだから、理解できる人がついて来ればそれでいい」というのは、教育の名に値しません。

何らかのテストで100点満点を取るというのは、ある子どもにとっては、発達の結果かもしれないけれど、他の子どもにとっては何ら発達していない、そんなことはもう前からできていた、ということだってあるのです。

また、認知的な学力だけは優秀でも、社会性や情緒の面では他の子よりもずっと遅れている、というケースもよくあります。

子どもの発達を全人的にみるとは、そういうことで、そうなるとますます一人ひとりの子どもの発達状態をよく観察し、適切な言葉がけや適切な課題を個別に与えることが、必要になってきます。「特別支援」とは、障害や特別の学習ニーズがある子どものためだけのものと思われていますが、実を言うと、すべての子どもについて言えることなのです。

しかし、日本における特別支援教育は、制度はあるものの、根本的に右のような発達の見方に基づいたものではなく、単純に一斉授業にはついていけない子のための「特殊教育」と取られてしまうケースが多いように感じています。

本来「特別支援教育」は、個々の子どもに特別な支援を与えることによって、皆が、普通教育を一緒に受けられること、すなわちインクルージョン（包摂）を目指しているにも関わらず、逆に通常学級での一斉授業には手をつけないまま、ニーズの高い子だけを別に集めて、普通校の中に特別のクラスを作り、「あの子たちは特殊だから」というイメージを、他の子たちに与える結果になってはいないでしょうか。

もしそうであるとすれば、それは、たとえ先生方がどれほど真摯な努力をされているとしても、インクルージョンとは正反対のエクスクルージョン（排他）の意識につながるものです。

学校を創造的で豊かな
学びの満ちた場に

保坂

学校は、在学期間だけ知識やスキルを吸収し、受験を終えた卒業の暁には、勉強嫌いで疲れきってしまっているという場ではないはずです。子どもたちが、生涯に渡って学び探求し続ける人間になるように「学ぶことを学ぶ」場であってほしい。

そのためには、学びが、誰かからの指示によって押し付けられて行われるものではなく、子ども自身が能動的に自分の発達につながるものであることを自覚し、自分で学び続けるものでなければなりません。

いつも、教員が一方的に課題を与えるのではなく、子ども自身が何を、どう、いつ学びたいのかを決めて、自分の学びたいという動機に沿って学ぶことのできる機会があることも必要です。

自分は将来何になりたいのか、どんなことをしたいのか、そのためには今、何を学んでおかなければならないのかと、学びそのものが、子ども自身にとって「意味のあるもの」となることも大切です。学校とは、創造的で豊かな学びの満ちた場であって欲しいと思います。

保坂さんへ 皆さんへ

自分と異なる他者と共に生きることを学ぶ

リヒテルズ

子どもたちが、個性を認められ、自分の学びの当事者として、独創的にオリジナルな学びを展開するようになると、教室は、得意分野が異なる子どもたちのコ・ワーキングスペースに似た状態になるでしょう。均質な動作を一斉に重ねていくこれまでの学校文化は大きく変わります。

こんな教室ができたとしたら、常に子どもたちを統率したり管理したりしようとする立場からは、扱いにくく難しい集団に見えるかもしれません。しかし実は、子どもたちにとって、これほど豊かな学びの機会に満ちた場はないのです。関心や見方が異なる複数の子どもたちが毎日顔を合わせる場をうまく生かすことで、子どもたちの社会性や情緒は発達し、「自分と異なる他者」と共に生きることを学ぶチャンスに恵まれた素晴らしい場になります。

自主性や主体性を、という言葉は、学校教育ではしばしば耳にしてきているにも関わらず、実際にそれを育てる試みは、あまりに限定されていると思います。自主性や主体性は、教員の指示に縛られることなく、自由を与えられた時に初めて育つものです。他方、自主性や主体性は、育てられて身に付くもので、初めから備わっているものでもありません。

ですから、学校は、初めの一歩は、少なく限られた範囲の自由を子どもたちに与えて、彼らがその自由に対して責任を持って担えるようになったら、次にまた少し大きな自由を与えるというように、自由に対して責任を持って関わることを学ぶ機会を、体系的・計画的に、学校教育全体の中に組み込んでおかなければなりません。

こうして、小さい時から、少しずつ自分の意志で自分のやり方で学ぶことを練習していけば、小学校、中学校、高校と、徐々に自主性や主体性が育ち、大学を卒業して社会に出る時には、大人の力を借りなくても、大半のことを自分で判断して主体的に行動できる人間になっているはずです。

もっと子どもと本気で話そう

保坂　まだ私が小学生の子どもの頃、好きだった先生がいます。美術の先生でした。「岩の絵は難しい。岩には表情があるんだ。これがうまく表現できなくて」と独り言のような話を、延々と子どもの前で話し続ける先生でした。難解な芸術論は級友らに不評でした。私が、授業が終わってから先生のいる準備室を訪ねて「岩の絵を見せて下さい」とお願いした時に、とっても歓迎してくれました。絵を見せながら話してくれたのです。

ああ、大人も迷う、悩むんだということは新鮮な印象でした。私も、この先生ほど率直に子どもたちの前で悩みを語れないかもしれませんが、悩んでいることや分からないことを、子どもの前で隠すべきではないと思います。大人が自分の悩みを語る時、子どもの心は揺らぎます。親子の場合であっても、家の経済状態がピンチだったり、普段とは違うことが起きている時、子どもに伝えて協力や理解を得ることも大事です。

世田谷区で２０１３年に、20年ビジョンである「基本構想」を策定しました。この時に、これから20年の未来を中高生と話し合う機会を持ちました。これは面白い経験でした。子どもたちの話を聞いて「今日はよく話が聞けた。みんなありがとう」と締めくった日の翌日、数人の子どもたちからメールがきました。「ぼくたちは区長の話が聞きたいと思って集まったのに、ぼくたちの話が終わると帰ってしまった。続きをやって欲しい」「話が途中で終わってしまったので中途半端だった」というものです。「それはすまなかった。次はじっくり話し合うよ」と回答したら、何と中高生で相談した結果「泊まり込み話し合い」をやるというのです。私は2日目の朝に、4～5時間つきあうことにしました。

前の晩からグループに分かれて「区への提案」を話し合ってくれていた彼らは、次々と提案をしてくれました。その中に「中高生で運営する自治会館」というアイデアがあったのです。大人や行政に注文してやってもらうのではなくて、自分たち中高生が運営の責任者となった根拠地が欲しいというものでした。

さらに驚いたことに、この提案は駅前の金融機関の旧社屋を借りた社会実験として10カ月の間、実現したのです。話し合いを見守っていた職員が、条件作りに努力してのことです。運営責任は大学生となった若者たちがNPOを作ってやりました。中高生は、入館する時に登録し、その数は1000人に及びました。そして、話し合いのコンセプト通りに、運営は中高生たちで作る運営委員会が行いました。この施設運営は10か月で終わりましたが、地域の大人たちからたいへんに好評で、世田谷区で本格的に「青少年交流センター」を展開していくきっかけになりました。この話し合いによって生まれた「青少年交流センター」は区内で3か所に拡大しています。

これまでチャンスがなかっただけで、自由に運営できるスペースができれば、中高生は、とことん話し合って自治空間を作り出しました。子どもたち一人ひとりに宿っている力、もっと日常的に発揮できる環境をひらいていくのも私たち大人の責任です。

学校や家庭で、本音の話ができてこそ「対話」が成り立ちます。表面的な仮面をかぶった言葉のやりとりだけでは記憶に残りませんが、本質的な本音の対話は忘れようにも忘れられません。

保坂さんへ 皆さんへ

考える力、対話力を引き出す「てつがく授業」

リヒテルズ

数年前、オランダの小学校で偶然「てつがく授業」に出くわしました。４歳と5歳の幼児10人ほどが、先生と円座になり、その日のテーマをもとに、自由に会話をしていました。この日のテーマは、「ボスはいつもボス?」。「ボス」とは、「人の上に立つ人」という意味です。先生は、初めに、王様やパイロットやコックさんやお医者さんの写真などを見せて子どもたちの思考を刺激します。

子どもたちの発言に「それはおかしい」「間違っている」などとは一切言わず、「どうしてそう思うの」「こういう場合はどう」「他の人はどう思う」と問い返し続けるだけです。それだけで、わずか10分ほどのうちに、大人には思いもつかない、けれども本質をついた言葉が子どもたちの口から次々に現れてくるのです。

その場に居合わせて子どもたちの様子を見ていた私は、思わず涙がこみ上げるほど感動しました。王様やパイロットやコックやお医者さんにはどんな力があるのか、誰の声には従わなければならないのか、と考えながら、子どもたちは、自分たちの力で、「ボス（人の上に立つ人）」とは、選択の自由を他の人よりも多く持っている人だ、という結論を導き出していったのです。

幼児や児童を対象とした「てつがく授業」は、今、オランダだけでなく、ベルギーやイギリス、フランスなど、ヨーロッパの多くの国で盛んに行われています。てつがくの授業には道具も事前の知識もいりません。必要なのは、自分の脳みそだけ。てつがくは、「脳みその筋トレ」なのです。

受験戦争で、暗記中心の点数方式のテストに慣れてしまった日本の子どもたち、そして、同じ教育を受けてきた大人たちの多くは、何か問いがあると、つい「正解は何？」「先生が期待している答えは何？」と考えます。

でも、世の中は、「正解」が一つとは限らない様々な問いで溢れています。立場の違いによっても物の見方や考え方は変わります。信頼のおける同年代の仲間と何かのテーマについて自由に意見を交わし合うという経験は、自由に思考を膨らませたり深めたりする心地良さと、自分と他者を尊重しながら生きていく態度を養うことにつながっていると思います。

地域の皆で作る学校

保坂

オランダのイエナプラン教育の視察をさせていただいた時に、繰り返しになりますが、印象に残った光景の一つに、給食の手伝いをする親たちの姿がありました。実に自然に、教室の中に保護者の姿があって、役割を果していて、教員とも子どもたちとも信頼関係ができていることを感じました。

日本でも学校を地域に開放しようと言われてきましたが、気をつけないと非日常の行事のような形になりがちです。もっと日常の学校生活の中に、また日常の授業の中に、保護者や地域の大人たちが参加できるといいと思います。

たとえば、子どもたちがグループで何かを調べようとする時に、教員が指導するだけではなく、そのテーマに詳しい地域の大人が専門家として継続的に協力していく。子どもによるプレゼンテーションでは、クラスや学年という単位を超えて、学校全体で、保護者や地域住民も参加できる形で行う。そして、「面白かった」「ここがすごいと思ったよ」「大人の自分も知らなかったことを教えてもらえて、役に立った」「こんなことも加えてみたらどうかな?」と、様々な立場から子どもたちを評価する。

そんなふうに、皆で作り上げていく学校になったら、希望が持てるのではないかと思います。

また、これまでの日本では、教員は自分の子どもの学校生活にはほとんど参加できないと言われてきました。我が子の授業参観は、日々行なう授業があるため参加できない。親としての時間もないので、ＰＴＡ活動にも参加できない、といった具合です。クラス運営や授業などの枠組みをもっとゆるやかで自由なものにして、他の教員や保護者が、お互いのクラスをフォローしながら、他の親と同じように参加できるような形にしていくことが必要でしょう。

教員も親として悩むことがあります。80年代に、「親が忙しくていじめに気付いてくれない」という子どもたちの中には、両親が教員という場合が多くありました。わが子がいじめによる暴力や脅しに苦しんでいる時に、教員である親は何ができるでしょう。親として「子どもを守る」努力に時間と手間をさくのは当然のことですが、職場や保護者の理解も必要です。共通理解があると、保護者との共感的な関係作りに役立つことと思います。

「滅死奉公」、私的時間はないほどに学校に全力投入する先生に「市民としての時間」「親になる時間」を返してあげるためにも今、協力して、取り組むべきことです。

保坂さんへ 皆さんへ

保護者参加による学校共同体作り

リヒテルズ

保坂さんは、教育活動の中に保護者や地域の大人たちが参加することを積極的にすすめていらっしゃいます。学校が子どもにとって楽しい場所になるためには、親たちが学校との関係を楽しむことが不可欠と、オランダ訪問でも実感されたとのことです。イエナプラン教育は、学校共同体というビジョンを持つことで、保護者が学校の活動に参加することをごく自然で当然のこととして捉えてきました。

イエナプラン教育では、学校は、子どもたちが生きて学ぶ、生活の場であり、子どもたちを中心に、保護者と教員が一緒になって作る共同体であると考えます。ですから、学校の教員たちが保護者に対して、オープンに学校での子どもたちの様子を伝えるのは当然のことだし、保護者の質問には真摯に答え、お互いに協力します。

校舎の中にカフェを作り、教員や他の保護者と、ちょっと座って気軽におしゃべりができる場も作られています。また、保護者が持っている様々な知識や経験を、授業の中で活かしています。

たとえば、「ワールドオリエンテーション」という、数週間にわたって同じテーマで行われる総合的な学習の時間がありますが、テーマが変わるごとに、校舎内の飾り付けを変えているのは保護者たちです。また、テーマに関連する仕事についている父親や母親が、自分の子どものためだけではなく、学校活動に協力するという形で、知識や経験をクラスや学校の子どもたち全員と共有します。

ワールドオリエンテーションのテーマが終わると、子どもたちは、学んだことを発表して自分たちの学びを祝いますが、そういう発表会や展示会には、必ず、子どもたちの手で保護者が招待されます。

もちろん、日々の様々な教育活動でも、交代で保護者が参加している姿が見られます。遠足の際の援助、個別指導の補助、小グループでの読みの練習の援助、料理教室の指導、発表会の衣装作りなどなどです。

保護者にも得意不得意があるので、学校が、協力の種類をメニューのように提示して、自分が得意なところで参加してください、と呼びかけています。

このように、学校を、保護者にとって風通しの良い、アクセスのしやすい場にすることで、教員と保護者の関係が平等で、お互いにリスペクトし合える関係に育っていきますし、すべての子どもたちの成長を皆で一緒に見守る関係が作られていくのです。

日本では、昔は、学校が、その学区のコミュニティ作りにも貢献していたし、保護者と教員の間にももっと和やかな関係があったと思いますが、高度成長期を通し学歴偏重主義の競争的な学校が続いていく中で、そういうものがすっかり失われてしまったように感じます。

今の親たちも、そういう学校で育ってきており、学校は、子どものための教育というサービスを提供する機関で、自分たちは、そのサービスを利用しているだけだ、という一種の「消費者行動」になってしまっていると思うのです。

保護者参加といえば、日本ではとかく、地域の有力者がＰＴＡの代表者として学校に圧力をかけるとか、単独の保護者側が、ある特定の担任に苦情を言うという形が頭に浮かびます。その反面、教員と保護者が皆で協力して、すべての子どもたちにとって良い学校とはどんな学校なのか、とアイデアを出し合い、共に協働する機会は少ないと感じます。

この「皆で協力し、皆で何かを生み出す」ということも、個人単位の競争的な学歴偏重社会の進行と共に失われていった力ですね。私たちは、大人も子どもも、異なる人々が一緒になることで、偉大な生産物を生み出せるという経験を、あまりにもしてこなかったのではないでしょうか。

10人の異なる人が集まり協働すれば、単に10の力になるのではなく100の力を生み出せるという経験を、大人自身が重ねていこうという意欲を持てば、子どもたちにもきっと希望が生まれます。それがインクルーシブな社会を作る、ということなのです。

保護者の学校参加は、保護者自身が、社会で生きることを学ぶ機会に他ならないのです。そのためにも、保護者の学校参加はもっと奨励されて欲しいです。

結びの対談

教育の課題は世界共通

保坂　最後の対談となりますが、もう一度初心に帰って、子どもと若者たちの学びと育ちを考え、社会と大人のあり方について考えてみたいと思います。

リヒテルズ　そうですね。大切な問題ですね。これから子どもたちと共に育っていくお母さんお父さんたちにも、役立てて頂ける話ができればと思います。

世界中に広がる課題「インクルージョン」を日本社会にも

リヒテルズ　数年前、日本のある大学で、シチズンシップ教育についての講演をした時に、いじめについても触れました。その時、講演直後に、切羽詰まった表情の男子学生がやってきて、こんなことを話してくれました。

彼は所属しているスポーツクラブでひどいいじめにあっており、それをコーチに相談したというのです。するとコーチが「いじめているのは誰か」と聞くので、クラブのスター選手の名前を言うと、コーチは「それは仕方ないな、お前があきらめろ」と言ったのだそうです。

この話を、その時隣にいた同行者のオランダ人の教育者にいうと、彼は、すぐさま

「日本の社会が何にもっとも価値をおいているかがよくわかる話だね」と少し悲しそうな表情で言いました。

日本の学校の体育やスポーツクラブは、とかく、こうした「強さ」「勝つこと」を強調しがちだったと私も思います。それは、強力な国家を作ることには貢献していたのかもしれません。でも、国家という枠組みを超えて人々が協力しなければならない今日、こうした教育が持っている負の側面に気付かなければいけない時期に来ているのではないでしょうか。

保坂　勉強にしてもスポーツにしても勝つことを評価基準にしているコーチがくだした選択ですよね。このような勝利至上主義は、学校のみならず、スポーツクラブのような場所では珍しくない事例なのかもしれません。

多くの学校現場では、さすがにここまでの言い方はしないでしょうが、スポーツ関係者にも、少なからずそういう空気はありますね。こうした中で、学校に通えなくなってしまう子どもがいるという現実があります。

リヒテルズ　学校文化は良くも悪くも、そこで何年も過ごす子どもたちに多大な影響を与えます。国家同士が並立し、時に醜く争い合って来た時代から、人類が文化の違いを超えて協働しなければならない時代に入っている今、各国の公教育を策定する人々、また、保護者は、学校が子どもたちに与える影響を自覚して、もっと意図して、新たな教育のビジョンに転換する努力をしなければならないのではないでしょうか。

学力偏重社会における学力競争、できる子・できない子という分類や差別、部活における序列制の押し付け、すべての人の独自の価値観を公正に尊重するシチズンシップではなく一つの価値観を上から流し込むような道徳教育、校長と教員の間の管理し管理されるという関係、教員と生徒の間の教えるもの（知っている人）・教えられるもの（知らない人）という関係……。

これらは、ひと言で言えば、インクルージョンを認められないでいる排他的な文化という問題です。その中で育ってきた大人たちのほとんどが、そこから抜け出せないでいる。その結果、日本社会がますますエクスクルーシブなものになり、皆が息苦しくなってきています。

保坂　まさにそうですね。学力だけで切り取られて、選別されて、学校という本来色々な子どもたちが一緒に生活していた空間さえ、階層的になっています。小学校はまだしも、中学校～高校～大学と進むにつれ、どんどん家庭環境も経済状態も似たような子どもたちだけになっていく。その中で、どうやって多様性を認め合い豊かに包みこむインクルージョンをしみ込ませることができるかが、問われています。

リヒテルズ　これは日本だけの問題ではなくて、実は、世界中に広がっている傾向です。欧米でも、ここ数年、学歴の高い就職にも困らない層の人々と、学歴が低く経済的にも不安定で、貧困に陥りがちな層の人々との分化が問題になってきています。学歴の違いで、観ているテレビ番組も仲間と話す話題もユーモアと感じるものも違う。トランプがアメリカ合衆国の大統領になった背景、ブレクジット（英国の欧州連合からの離脱）の背景に、こうした社会状況があったことがよく指摘されています。

学校が、できる子・できない子を分別する機関になっているのだとしたら、こうした、デモクラシーの危機につながる政治状況と、切っても切り離せない関係があることは明らかですね。また付け加えるとしたら、学校が、子どもたちに、現実の本物の世界について考える場所ではなく、切り取られた架空の教科書世界の中で、単純化された知識を子どもたちに学ばせ、それを単純にテストで評価していることも、とても問題です。

保坂　答えの出ない問題を考え続けること、探求すること、こちらの現象とこちらの現象を関連付けて考えること。そういう考え方が生まれてきませんね。

社会で起きていることを学校が避けていては、社会の劣化を招く

リヒテルズ　このような学校文化をどうすれば変えられるかについて、日本でも保坂さんが始めておられるような、現場の先生たちの意見をすくい上げるとか、保護者と一緒に新しい教育ビジョンについて話し合いを重ねるといったプロセスを丁寧に踏むことが、とても大切だと思っています。

保坂　私が車座集会や教育フォーラムで、区民の方たちと直接話し合って、現場の意見を肌で感じることを何よりも大切にしているのは、まさにそこのところです。ま

た、世田谷区として区民を無作為に抽出して行うワークショップも重ねています。案内状を出すと、時間の都合がついて話し合いのテーマに関心のある方が参加してきます。教育についても、教育委員会がこの手法で区民を対象としたワークショップを開催しています。

リヒテルズ　日本の学校には、教員も生徒も、政治に対して触れてはいけないというタブー意識が根強くありますね。しかし、デモクラシーの世の中にいる限り、自分たちの人生に関わることを自分たちで決めるのはごく当たり前のことで、「政治には触れない」など、呑気なことを言っている場合ではないはずですよね。

「政治」がそんなに嫌なのであれば、「政治」という言葉を使わずにいればいい。でも、自分たちのことは自分たちで決めるのだという市民意識は、デモクラシーを健全に保つには不可欠のことです。

私たち自身がどこかで関わっている問題については、背を向けることなく本気で考え、他者と意見交換する、という文化を生み出したいものです。つまり、当事者意識を形成するということですね。

保坂　例えば2016年7月の「相模原事件」が起きた時に、テレビのワイドショーなどで語られていた雑多な言説を、子どもたちは聞いたと思います。これらの番組の中には、加害者側の犯行予告と行為を、正当化する手紙の文章もたくさんありました。

子どもたちの中には、加害者の言い分に共感した向きもあります。お金だけがかかる、何も価値を生まない人たちがどうして生きているんだという優生思想、ヘイトクライムの根拠になったそういう考え方がいかに間違っているかを、きちんと説いて否定していくのは、学校の役目だったと思うわけです。しかしながら、日本の学校でこの事件を取り上げて、子どもたちに問いかけた例を、残念ながら私はまだ聞いていません。

残虐で難しい事件で、先生自身がどこを切り口に語り出すべきなのか、なかなか判断ができない事件だったからでしょう。残虐であることや、起きてはならないことも間違いないんだけれども、もっと深い問題があるだろう。子どもたちにきちんと伝えるためには、自分の「構え」を作らないとたやすく触れられない問題だ、という考えが働いたのでしょう。これはある種の慎重さで、良心的な抑制だと思います。

でも、良心的な抑制が何を生むのかというと、結果としての社会の劣化です。子どもが接するのはＳＮＳの書きこみだけだったりするわけです。そういうものしか見ないと、そこから語りかけてくるものを受け入れてしまう。結果としてヘイトクライムについても、「今回の事件はやりすぎだとしても、理屈としては一理あるよね」という考え方をしてしまう子どもも出てきます。この事件を通して日本の子どもたちのどのくらいかは、分かりませんけれど、そう思った子はいるはずです。

私は危機感にかられて、事件から2か月後に「相模原事件とヘイトクライム」（岩波ブックレット959）を書きました。学校現場で使って欲しいという思いからです。教育がこうした事態に対して、徹底して考えてみようという役割を果たさなければ、18歳選挙権も裁判員制度も、参加する市民としての鍛錬ができないんです。

社会を構造解析する上で、本当に避けて通ってはいけないことを語らないというのが、メディアも含めた今の日本社会であり、それが大きな影の作用として働いています。本質的なことが起きたら話さないでおこう、ヘタに触れたらまずいという態度を子どもたちは学んで、社会に出て行くことになるのです。これが日本の特質であり、そこだけは変えないといけないと思いますね。

リヒテルズ　こうした日本の学校文化を、「日本に特有の伝統的な文化だから」という人がよくいますが、私は、文化でくくれるものではないと思っています。考えの異なる人々が、お互いに尊重し合って生きていくには、意見交換をしてお互いを理解することは避けられないことなんですね。

その意味で、日本はデモクラシーを原則とした社会作りでは、まだまだ未熟なものが多く、「市民」意識が成熟していないのだと思うのです。それを「文化だから」と言い訳するのは、この市民意識の成熟、そのための学校改革を遅らせている最も大きな障害になっていると思います。

先生一人で抱えきれない課題を専門家が迅速にサポート

リヒテルズ　ヨーロッパでも、市民意識が成熟したのは、そんなに昔のことではないのです。

人やものが大量に破壊された二つの大戦を経験して、特に、ユダヤ人殺戮《さつりく》という無残な歴史を経験して、他者を差別することが、結果的に、自分自身にとってもいかに嫌な社会を作り出してしまうかを、多くの市民が痛感せざるを得なかった。

ヘイトクライムやヘイトスピーチについての議論は今でも起きているし、同性愛者の人権運動も起きてきている……。原発事故で世界的に大きな問題を生み出す国になってしまったことで、日本でも市民意識が自覚されるようになってきているのではないでしょうか。日本社会が市民社会として成熟するのは、これからなのかもしれません。

保坂　ヨーロッパではこのところ、ＩＳのテロリズムの標的にされる事件も増えています。これはまさにヘイトクライムの問題だと言えると思いますが、教育現場ではどのように対応していますか。

リヒテルズ　フランスのシャルリー・エブド社を襲撃したテロ事件の翌日に、たまたま私はアムステルダムのＡＢＣというサポート機関に行っていました。その時に話をしていた教育サポート機関の専門家が、「明日、地域の学校の先生たちに呼びかけて、この事件に対する学校での対応についての会合を持つ予定だ」と言っていたのが大変印象的でした。

こうした事件が起きた時に、とても短い期間で、教育サポート機関の専門家たちが、学校の先生たちにアドバイスする体制ができあがるのです。アムステルダムには、たくさんのイスラム系移民が、オランダ人や、他の国からの移民と共に授業を受けています。

そういう中で、「もしもテロを起こしている側のモロッコ人の子どもたちが、教室で他の子どもからいじめを受けたり、非難の目を向けられるようなことがある時には、教員はどう対応すべきか」とか、こうしたテロ事件に対する子どもたちの恐怖感に対して、どのように対応すれば良いか、など、教員たちが一人では考えられないことについて、専門家がすぐに集まって会議を開き、教員を支える体制ができるのです。

保坂　「この問題について、明日の朝、子どもたちが質問してくるに違いない」ということに対しても、サッと支える仕組みがあるんですね。日本では、質問してくる子どももいないし、教員も何の準備もしていないことに慣れてしまっている。シチズンシップ教育の基盤から作らなければならないですね。

リヒテルズ　日本でも他人事とは言えない問題なのではないでしょうか。なぜかというと、日本で起きたヘイトクライムの問題もヨーロッパのテロリズムの問題も基本的に差別に関することだからです。差別禁止は基本的人権の基礎です。公教育とは、突き詰めればそれを教えるためにあります。この原則が教育者に共有されていれば対応は迅速にできるはずです。しかし、先ほどの大学のスポーツクラブの話にしても、日大アメフト問題にしても、教育者自身が、この原則に則った行動をしていない……。

人間の尊厳とか差別の禁止というような、人間社会における基本中の基本、民主社会で市民としての行動の基本を、まずは教育サポート機関や区などの行政がはっきりとした方向性を持って、議論を積み重ねておくことが大切なのではないでしょうか。それは、最初の話に戻りますが、インクルージョンの原則を貫くということが、教育者や教育行政の間で共有されていれば、このような体制作りも、当然考えられるはずなのです。

保坂　差別や憎しみによって分断の溝が深まる危機に世界中が直面しています。教育は、この分断の溝を超える人間づくりを目指さないとなりません。深くて広い課題に気付いた結びの対談となりました。

おわりに

リヒテルズ直子

日本の教育をより良いものにしたい、日本の子どもたちがどの子も皆、その子なりの発達を保障されるようにしたい、と考えておられる皆さんと、解決の糸口を見つけられればと、私はこれまで10年余にわたりオランダから情報を提供してきました。

初めは「オランダではそうかもしれないけど、文化の違う日本では無理」「日本とはあまりにも違いすぎて何から手をつければいいかわからない」という声も多く、なかなかその壁を超えることができませんでした。

ところが、それが最近少し変化してきているように感じています。その背景には、教育は国家の発展のためだけに行うものではないという意識が、日本人一人ひとりに広がってきたからではないかと思います。「これまでの教育で、子どもたちは国際的な社会で活躍できるのだろうか」ということへの不安と言い換えてもいいのかもしれません。あるいは、いじめや不登校が今も存在し続ける中、「問題は、いじめたりいじめられる子ども、または、不登校になる子どもにあるのではなく、学校や教育のあり方」という気付きが広がってきたからではないでしょうか。

私自身は大学院で教育学と社会学を学ぶまで、ずっと日本の教育制度の中で育ってきました。その後、日本を出て、アジア、アフリカ、ラテンアメリカの国々に約15年間暮らし、現地の学校やアメリカンスクールに通わせながら子どもたちを育ててきました。そうした経験を経て、小学校の高学年から子どもたちをオランダの学校教育の中で育て、この国の優れた教育制度の様々な点に魅力を感じてきました。

だからと言って、オランダの教育制度や授業の仕方を、そのまま今の日本に持ち込んで成功するとは思っていません。学校教育の姿は、その国の社会の姿を反映しており、文化や伝統の影響も受けています。

ただ、オランダの教育を長年にわたって観察してきて、日本で何年もの間、解決できないでいる、いじめや不登校や学級崩壊や教職員のストレスなどといった学校教育の問題は、一つひとつ対策を考えるのではなく、そうした問題が生まれてくる根本を変えなければ、これからもずっと同じ問題を抱え続けるのではないかと、感じるようになりました。

対談では、保坂さんが今具体的に取り組んでいらっしゃる世田谷区での学校や教育の事例をお伺いしながら、そこでの問題点を整理して、その解決策になり得るオランダの教育をできるだけ具体的に紹介するように努めました。

私一人では負いきれない課題に挑戦してしまい、力不足は各所に見られることと思います。そうした点は、読者の皆さんにご寛恕《かんじょ》いただき、今後の皆様の教育改革の議論に、せめて小さな糸口を提供できたならば、これほど嬉しいことはありません。この本を作るにあたりお声掛けいただいた保坂区長、また、編集と出版に関わってくださった皆様には、お一人お一人のお名前を上げることはできませんが、深く御礼を申し上げます。

プロフィール

保坂展人　NOBUTO HOSAKA

1955年、宮城県仙台市生まれ。世田谷区長。高校進学時の内申書をめぐり16年間の内申書裁判をたたかう。新宿高校定時制中退後、数十種類の仕事を経て教育問題を中心に追うジャーナリストに。子どもたちの間で広がった「元気印」は流行語に。1980〜90年代、世田谷区を拠点に教育問題に取り組むプロジェクトを展開。1996年衆議院初当選。衆議院議員を３期11年務め、「国会の質問王」と呼ばれる。総務省顧問を経て、2011年、現職となる（2015年再選）。著書に「いじめの光景」（集英社文庫）「闘う区長」（集英社新書）「88万人のコミュニティデザイン」（ほんの木）「脱原発区長はなぜ67%の得票率で再選されたのか」（ロッキング・オン）「相模原事件とヘイトクライム」（岩波ブックレット）「〈暮らしやすさ〉の都市戦略――ポートランドと世田谷をつなぐ」（岩波書店）。

ウェブサイト http://www.hosaka.gr.jp/　ツイッター https://twitter.com/hosakanobuto

リヒテルズ直子　NAOKO RICHTERS

九州大学大学院教育学研究科修士課程（比較教育学）及び博士課程（社会学）単位取得修了。1981〜1983年国際文化教育交流財団の奨学生としてマラヤ大学大学院に研究留学。1983〜1996年オランダ人の夫と共にケニア、コスタリカ、ボリビアに在住。

1996年よりオランダ在住。オランダの教育及び社会についての研究を著作や論考で発表。2011年3月、JAS（イエナプラン アドバイス＆スクーリング）よりイエナプランの普及に貢献した人に贈られるエイル賞を受賞。「一般社団法人日本イエナプラン教育協会」特別顧問。Global Citizenship Advice & Research社代表。

著書に「いま「開国」の時、ニッポンの教育」（尾木直樹氏との共著）、「祖国よ、安心と幸せの国となれ」「イエナプラン教育　共に生きることを学ぶ学校」（翻訳電子書籍３分冊）「てつがくおしゃべりカード」「てつがく絵カード」（翻訳）（いずれもほんの木）、「０歳から始まるオランダの性教育」「公教育をイチから考えよう」（苫野一徳氏との共著）（いずれも日本評論社）、「オランダの教育――多様性が一人ひとりの子どもを育てる」「オランダの個別教育はなぜ成功したのか――イエナプラン教育に学ぶ」（いずれも平凡社）、「学習する学校」（翻訳）（英治出版）、ほか多数。

ウェブサイト naokonet.com

親子が幸せになる
子どもの学び大革命

2018年9月2日　　第1刷発行

著者　保坂展人　リヒテルズ直子
発行人　高橋利直
編集　赤石美穂　吉原佐紀子
協力　中川綾　中曽根陽子
業務　岡田承子
発行所　株式会社ほんの木
〒101-0047
東京都千代田区内神田1-12-13 第一内神田ビル2階
TEL　03-3291-3011　　FAX　03-3291-3030
E-mail　info@honnoki.co.jp

イラストレーション　丸山誠司
ブックデザイン　大谷昌稔

印刷　中央精版印刷株式会社

ほんの木ウエッブサイト　http://www.honnoki.co.jp

ISBN978-4-7752-0113-8　C0030

良い本を広く社会に(Since 1986)

自費出版のご案内

ほんの木の自費出版は社会貢献型です。

自費出版を、著者のご希望にそって、総合的にプロデュースします。

全国主要書店への流通から、パブリシティー・プランまでご相談承ります。

著者の想いと夢を形にします!

●費用は、本の形、頁数、造本、写真やイラストの有無、カラーか1色か、原稿の完成度などにより異なります。

●詳しくは、小社までお問い合わせください。

〈お問い合わせ〉株式会社ほんの木

〒101-0047 東京都千代田区内神田1-12-13 第一内神田ビル2階

TEL 03-3291-3011　FAX 03-3291-3030　メール info@honnoki.co.jp